JN059720

脱「いい子」の ソーシャルワーク

反抑圧的な実践と理論

坂本いづみ　茨木尚子　竹端寛
二木泉　市川ヴィヴェカ

現代書館

はじめに

　脱「いい子」や反抑圧的というフレーズに、あなたはどのような印象を持つだろうか?

　「そうそう、その通り!」と言ってくれる人も、少しはいるかもしれない。でも多くの人は、「なんだか怪しそうだ」「ちょっと物騒じゃないか?」「極端な内容なのではないか?」と警戒心を持って、でもちょっと気になって、モヤモヤしながら、この本を手に取ってくださったかもしれない。
　そんなモヤモヤを抱えたあなたこそ、想定読者です。

　この本の内容を詳しく紹介する前に、私たち著者5人がこのタイトルに込めた思いに少し触れてみたい。
　福祉の世界には、様々な「抑圧」が蔓延し、「いい子」の支援者が結果的にその抑圧を後押ししてしまっている。そしてこの「抑圧」は、福祉現場に閉塞感をもたらし、ケアや支援の仕事を、つまらない・しんどい・希望のないものにしている。逆に言えば、「いい子」から脱し、抑圧に目をつぶらず、変えていく実践ができるならば、支援現場の実践はもっと面白く、魅力的になる。これが私たちの仮説である。それは一体どういうことか。

　2020年に日本だけでなく、世界中を覆っているコロナ危機を例に挙げて考えてみよう。この危機のなかで、医療や介護・福祉、保育現場で働く人々を「エッセンシャルワーカー(本質的な仕事をする人)」として評価しようという声が高まった。だが一方で、安全に仕事を遂行するためのマスクや消毒

液などが不足したまま対処せざるを得ない状況が続き、今でも検査体制が整備不足のなかで、日々綱渡りの勤務が続けられている。「本質的な仕事」として持ち上げられる反面、**福祉職は賃金が低く、非正規雇用も多いなど、労働環境も改善されず、人手不足は深刻さを増すばかりである。**

　社会的弱者を支援するのは「本質的な仕事である」と建前で言っていても、それに見合うだけの実質的評価や金銭的保証がなされていない。これは**社会的弱者を低く評価しているだけでなく、社会的弱者にかかわる仕事をしている人をも低く評価している日本社会の抑圧構造の顕れではないのか。**

　あるいは21世紀に入り、この20年の間に日本で支配的な価値観になっているのは、自己責任論である。自助努力で歯を食いしばってなんとかするのが当たり前であり、自分や家族だけでなんともならない場合は、ご近所や地域で助け合いなさい、それが無理な場合には公的な支援はするけれど、生活保護など公的支援を受ける場合は徹底的に窓口で査定して、なるべく受給者を減らしたい。そんな弱肉強食的な考えを巧みに潜ませて、「我が事・丸ごと」「地域包括ケアシステム」など耳障りのよいキャッチフレーズが繰り返され、そのシステムがさも当然であるかのように、「それしか道はない」「流れに乗り遅れるな」と福祉業界は一斉にそこに向かって歩み出している。

　少なからぬ人が、「それってなんだかおかしい」「変だ」と心の中で思いながら、「どうせ」「しかたない」とあきらめを内面化してしまっている。特に福祉現場の支援者は、もともと他者とかかわりたい、困っている人の力になりたい、という「善意」を持っている人が多い。そして、**「善意」の「いい子」**に不十分な労働環境で我慢して働いてもらうことで、そのシステムを結果的に温存してしまうような、**やりがいだけでなく、賃金も含めた構造的な搾取が蔓延している。**でも、「いい子」自身も「どうせ」「しかたない」「力不足は私の自己責任だ」とあきらめを内面化し、不満や怒りを自らに抱え込んでしまっている。

本書で紹介する「反抑圧的ソーシャルワーク（Anti-oppressive Practice, 通称AOP）」は、上記のような構造を「抑圧の内面化だ」と指摘する。本来は社会的・構造的な抑圧や差別を、個人の能力不足や自己責任論というかたちにすり替えて、個人が我慢してそれでおしまい、としてしまうことは抑圧の温存であり、ひいては（無意識であっても！）抑圧に加担していることにさえなるのだ、と。そのうえで、**我慢やあきらめを越えて、「おかしいことはおかしい」と声をあげ、同じ考えを持つ仲間とつながり、支援現場や支援組織を変えていくことは可能であるし、実際にできている現場もある。それが反抑圧的実践の成果である。**

　著者５人は、福祉現場の抑圧に対して「おかしい」という思いを抱き続け、我慢しなかった。それは日本社会ではときに、わがままと言われるかもしれない。でも、「いい子」というのは「世間や体制、社会システムにとって都合のいい子」なのである。

　だから、そんな「都合のいい子」は卒業して、自分を取り戻し、対象者とともに、価値ある支援の仕事をする、そんな現場が増えてほしい。そういう思いを持って、研究や実践を続けてきた。大学院生と研究者、カナダと日本、理論と実践、世代の違い……など表面的な差異を超え、原稿執筆のプロセスで何度も Zoom（Web 会議システム）で議論し、お互いの原稿に意見を対等にぶつけ、何度も書き直すうちに、「脱『いい子』のソーシャルワーク」というテーマのもとで反抑圧的な実践と理論が浮かび上がってきた。

　以下、その内容を簡単に紹介したい。

　この本は「第Ⅰ部　ＡＯＰを知る」「第Ⅱ部　ＡＯＰの可能性」「第Ⅲ部ＡＯＰと日本の現状」と大きく分けて３部から構成されている。連続性はあるが、１章完結なので、どの章から読み始めてくださってもよい。

第Ⅰ部は、反抑圧的ソーシャルワーク（以下、ＡＯＰ）の全体像を描く。ＡＯＰについて長年研究を続け、その領域では世界的にも知られている坂本いづみ（トロント大学）が、その理論をわかりやすく解説し、実際にカナダのソーシャルワーク教育でどのように活用されているのか、批判的に論じる。日本語で書かれたＡＯＰの類書が少ないなかで、その理論と源流をひも解いた坂本の論考は、福祉研究者にとって必読である。

　第Ⅱ部は、理論に関する書籍ではなかなか目にすることのない、「私語り」から始まる反抑圧実践の二つの物語である。二木泉と市川ヴィヴェカ（ともにトロント大学）は、日本の福祉現場で、ケアワーカーや非正規公務員として働いていた。異なる現場で感じた抑圧の類似性や、カナダでＡＯＰと出会うことにより、どのように解放されていったのか。異なる経験を持つふたりが、ＡＯＰという主題によって、共通する体験をしていくプロセスが綴られている。

　第Ⅲ部は、日本の現実にＡＯＰを引きつけた考察が並ぶ。障害者の自立生活運動から学び続け、社会福祉教育にも長年力を注いできた茨木尚子（明治学院大学）は、日本のソーシャルワーク教育が目を向けてこなかった課題を正面から論じ、障害者運動とその支援にＡＯＰの可能性を模索する。脱・精神病院問題に取り組み、支援者の現任者教育にも注力する竹端寛（兵庫県立大学）は、対話的実践がＡＯＰにどのようにつながるか、批判的意識化が脱「いい子」とどう結びつくか、を論じる。

　そのうえで、終章では著者５人が座談会形式で議論をしながら、理想論で終わらせない、明日から始める反抑圧的ソーシャルワークの「タネ」を模索する。

　反抑圧ソーシャルワークでは、人々の「生きにくさ」を構造的な力の不均衡から生まれるものと捉える。**あなたの能力が不足しているから、我慢が足りないから、「生きにくい」のではない。**あなたにそう思わせるような社会

的抑圧や構造的な差別が蔓延していて、かつ自己責任論や弱肉強食といった新自由主義的な考え方がそれを後押しし、放置されているから、自殺者も社会的ひきこもりも多い、希望のない日本社会が固定化されているのである。

そんな社会はいやだ！　こりごりだ！　ちょっとでも魅力的な社会に変えたい！　その思いを実現し、「生きやすい」社会をつくりだすために、権力構造のゆがみを是正する。そのためには、**支援対象者への共感と支援者自身の自己省察を怠らず、「変えられないもの」と思い込んでいる法や制度、社会規範さえも、「本当にそれでよいの？」と批判的に捉え直し、他の人とつながりながら、建設的批判やそれを実現するための社会的・政治的活動をも行う。**

これが、反抑圧的実践を始めるための第一歩であり、本書で伝えたい大きなメッセージである。

ようこそ、脱「いい子」のソーシャルワークの世界へ！

第Ⅲ部　ＡＯＰと日本の現状

第Ⅰ部
ＡＯＰを知る

1 反抑圧的ソーシャルワーク（ＡＯＰ）とは何か

——概論と方向性

坂本いづみ

自然の脅威や、人類の絶大なる失敗の数々にもかかわらず、人間がこの古い地球に存在し続けてこられたのは、人間の新しい可能性を信じる心と、その可能性を推し進めていく勇気のおかげに他ならない。

——ジェーン・アダムス（1922: 149）

抑圧された者が解放のために戦うためには、抑圧の現実を出口のない閉ざされた世界としてではなく、どこかに終わりがある、自分たちが変容できる状況として認識しなければなりません。

——パウロ・フレイレ（1970: 34）

　Anti-oppressive（social work）practice. "Anti" は日本語にもなっている「アンチ＝反対」の意味で、"oppressive" は抑圧と訳される "oppression" の形容詞だ。日本語で最適な訳語に抽出するのが難しい言葉だが、この著書では、既存の数少ない日本語文献（坂本 2010；二木 2017；児島 2018）に倣い、「反抑圧的ソーシャルワーク」として紹介し、文中での言及では、英語の略を使用して「ＡＯＰ」とすることにする。本章では、ＡＯＰとは一体どんなソーシャルワークなのか、その概要と課題を、実例を使って解説したい。

読者の皆さんは「反抑圧」と聞いて何を思い浮かべるだろうか？　日常会話で「反抑圧」や「抑圧」という言葉はなかなか出てこないし、仰々しくてソーシャルワークの文脈でも具体的なイメージが湧かないかもしれない。

　昭和から平成へと時代が変わる頃に大学生だった筆者にとって、日本語の「抑圧」と聞くと最初に連想するのは、その頃すでに形骸化していた学生運動だ。1980年台後半の東京のいくつかの大学では、「××闘争」とか「××抑圧」などの言葉が角ばった字で書いてある立て看板があった。政治色の少なかった大学に通っていた筆者には、実際に誰が何について反対・闘争しているかもよくわからず、なんだか時代錯誤で怖いなあ、と感じた記憶がある。だが、本書で語る「抑圧」は、1960年代から70年代の階級闘争などで使われた狭義の「抑圧」よりもっと広い意味を持つ。

　日本の日常的な文脈において、「抑圧」は人々が日々社会で感じている様々な「生きにくさ」や、「モヤモヤした違和感」、「やりきれなさ」、ひいては「絶望感」として現れてくる。例えば、ここ20年以上にわたって増え続けている非正規雇用。いつ首を切られるか不安で、長期的計画を立てられない。コロナ禍で最初に解雇されるのも非正規雇用の従業員だ。非正規雇用で収入が激減したり、雇い止めになっても頼れる家族や親戚もいない人の場合、経済的にも逼迫して、家賃や食費などを払えなくなり、住居を失うケースも数多い。ひとり親で、学校や保育所も閉鎖となり、仕事を探すこと自体が困難になり、生活が立ち行かなくなった人も多いだろう。また、コロナ禍の失業者の7割近くが女性であり、2020年10月において女性の自殺者が8割増加したというニュースも、女性差別と雇用、貧困による複合差別の実情を如実に示している（水無田 2020；竹信ほか 2020）。

　ＡＯＰでは、多くの人が経験している「生きにくさ」は、構造的な力の不均衡に端を発する、と考える。そして、「反抑圧」とは、生きにくさを構造的に、また、構造的な視点を持ちつつミクロのレベルでも直していくこと（少しずつでも！）を指す。その活動は、社会のすべての人が基本的人権を守られ、

幸福・平和に生きられる社会を保証するために行われる。

　ＡＯＰにおいて、抑圧とは以下のように定義されている。

> 　抑圧とは、特定の集団に属していることを理由に、個人（または集団）に対して不当な行為や政策が行われた場合に起こる。これには、人々が公正な生活を送り、社会生活のあらゆる面に参加し、基本的な自由と人権を経験し、自己と集団を肯定する感覚を養う方法を奪うことも含まれる。また、平和的または暴力的な手段によって、信念体系、価値観、法律、生き方を他の集団に押し付けることも含まれる。(Bains 2017: 3) ＊1

　本書では、研究者と実践者である私たちが理論や実践を紹介するにあたり、ソーシャルワークの軸となる自分たちの立ち位置や、価値観、視点を含めて、ＡＯＰについて考えを深めてきたことを書いていきたい。なぜなら、「抑圧」を語ることは権力関係を吟味することとなり、それは著者である「私」抜きでは語れないから（これについては、"critical consciousness" ＝批判的省察の必要性として、この章で後に言及する）。理論や実践を学ぶうえで、著者自身の経験は無関係だと感じる読者の方もいらっしゃると思うが、ＡＯＰの理解には不可欠な要素だと私たちは考えているので、どうかお付き合いいただきたい。

ＡＯＰの定義

　ＡＯＰの大きな目標は、社会のなかでの力の不均衡を認識し、その権力構造、そしてその結果として起きている抑圧を是正するために、変革の促進に

＊1　文中で日本語になっている英語文献で、参考文献リストにおいて翻訳書の表記がないもの（例えば、Bains 2017）に関しては、市川ヴィヴェカ（本書共著者）が主に翻訳した。

取り組むことだ（Dalrymple & Burke 1995）。具体的には、生活に困っていたり、生きにくさを経験している人たちの状況を、まず当事者の立場から理解し、問題を抑圧という視点で構造的に分析することで、複数のレベルから解決に向けてアプローチする、というソーシャルワーク実践理論と実践法である。また、同じ志を持つ人たちや団体と一緒に問題解決に取り組んでいき、直接介入のほか、アドボカシーや、ソーシャル・アクション、政策改善（への働きかけ）といった行動を取ることも含まれる。エンパワメント理論・実践とも重なる部分が多い。

　1980年代末にイギリスで起こったＡＯＰは、1990年代から理論化や体系化が進み、近年、少なくともイギリスやカナダでは、クリティカル・ソーシャルワークの主流の実践理論・モデルと理解されるに至った（Healy 2014）。2000年代にはイギリスやカナダのソーシャルワーク教育の軸として採択されるようになった。アメリカのソーシャルワーク教育ではＡＯＰの普及はまだ進んでいないが、2000年に教育学者であるクマシロが概観的な論文を発表しているし（Kumashiro 2000）、2010年代にはフェミニストのソーシャルワーク研究者によって教科書が発刊されている（Morgain & Capous-Desyllas 2014）。

　ＡＯＰが究極的に目指すのは、社会から様々な抑圧をなくし、みんなが自己実現できる社会だ（Sakamoto & Pitner 2005）。こう言うと、あまりにも壮大な目的に聞こえるために、実現不可能だと思われることだろう。もちろん、ありとあらゆる抑圧を社会からすべて取り去ることは無理にしても、そういったゴールに向かったソーシャルワーク活動がＡＯＰということだ。

　具体的には、個人、家族、コミュニティやグループが経験する問題に影響を与えている社会的抑圧を認識し、顕在化している問題だけを実践の対象とするのでなく、構造的な要因を視野に入れて当事者・クライエントの手助けをする。例えば、イギリスのソーシャルワーク研究者で、ＡＯＰ、フェミニスト・ソーシャルワークや国際福祉などの分野で精力的に著作を重ねてきたレナ・ドミネリは、ＡＯＰについて以下のように述べている。

ＡＯＰは人を中心とする哲学、平等主義の価値を擁し、構造的不平等が
　　人々に与える有害な影響を減らすことを目的とする。その方法論は過程
　　と結果の両方にコミットし、個人と社会の接点に働きかけ、人々へのエ
　　ンパワメントを通して社会的ヒエラルキーが人々に及ぼす（悪）影響を
　　縮小する。（Dominelli 1996）

　この20年で拙著も含め、様々なＡＯＰの文献が出版されている（Dominelli
2001; Mullaly 2002; Bains 2007; Sakamoto 2007a, 2007b, Sakamoto & Pitner
2005; Sakamoto et al. 2018; Laird 2008; 田川 2012; Wehbi & Parada 2017; Yee &
Dumbrill 2019）。
　すべての論説をここでまとめて網羅することはできないが、共通する価値、
理念と方向性には大まかに次のような要素がある。
　第1に、ひとつの抑圧のかたちのみに焦点を当てて実践をするのではなく、
いろいろな抑圧の連鎖、交差性（intersectionality＝重り合ったアイデンティ
ティや複合差別に近い概念）に目を配り、問題の分析に役立てること。例え
ば、複数の疾患を持ち生活が困窮している高齢者や、障害のある移住者など。
文献としては Hill Collins（1991/2000）、Mehrotra（2010）がある。抑圧を受
けている人の間にも、様々な抑圧が重なり合い複雑化した差異がある。
　筆者はＡＯＰとエンパワメントの理念に沿ってホームレス当事者参加型研
究を行った際、その研究報告・政策提言書（Sakamoto et al. 2018）において、
この交差性の概念を中心に据えたことがある。一般に、ホームレス状態に対
する解決方法は、住居、支援、雇用が有効だと広く理解されている。しかし、
それぞれの人たちの属性や抑圧の交差性を理解しなければ、適切な支援・援
助はできない。例えば、ホームレスの人（仮に黒人のトランスジェンダーの
女性とする）に住居を探すに当たって、白人女性ばかり、またトランスジェ
ンダーの人が全くいない住居を紹介しても安心して暮らせないかもしれない。
また、薬物依存症の治療をしている人が、薬物の取引が常に行われているよ

うなエリアの住居に入るのは安全とは言えない。セックスワークをしている女性が中流階級の住宅街に住居を得ても、近所から阻害されてしまうかもしれない。支援しているつもりが、阻害を余計に助長するような結果になっては本末転倒だ。ホームレス、という状態は共通でも、丁寧な交差性・複合差別の理解が求められる。

　第2に、ソーシャルワーカー自身が自分の立ち位置を多方向から捉えること。また、クライエントやコミュニティとかかわるうえで浮かび上がってくる自分の支配的な社会属性に関しては、自分がどんなふうに問題の構築自体にかかわってしまっているのかを考え、必要であれば、行動や考えを修正する努力をすること。これはブラジルの社会活動家・教育者である、パウロ・フレイレが提唱した「批判的省察（critical consciousness）」（Freire 1990; 児島 2018; 竹端 2013）と同様で、ＡＯＰに不可欠だと筆者は理解している（Sakamoto & Pitner 2005）。これについては、後述する。

　第3に、**問題を経験している当事者（たち）を、エキスパートと捉え、ソーシャルワーカーは「アライ（ally）」（横からの支援者、伴走者）として、当事者と協働するなかで問題の解決法を見出していくこと。**そして、それとともに、その人たちのエンパワメントにつながるように活動していくこと（Bishop 2002）。そのためには、マイノリティや当事者の人たちの声や知識に根差した理論や分析の開発が必要であるし（Gibson 2016; Gutiérrez & Lewis 1999）、当事者運動などの社会運動から学び、アライまたは当事者としてかかわっていく姿勢が重要だ。

　ソーシャルワークの100年以上にわたる歴史を振り返ってみると、少なくともその黎明期には改革的な社会運動がソーシャルワークの理論化や実践と深く結びついていたことがわかる。19世紀後半から20世期初頭にかけての、社会ゴスペル運動、節酒運動、労働運動、平和運動、反貧困運動、女性参政権運動などだ。例えば、セツルメント活動の従事者たちは、主に富裕層出身で高い教育を持つ活動家だったが、キリスト教に基づく社会ゴスペル運

動やイギリスでの先例に感化され、貧しくスラム化されている都市中心部に住み込み、貧しい移民とのグループワークやコミュニティ・オーガニゼーションに従事した。ジェーン・アダムスとエレン・ゲーツ・スターが開設したシカゴのハル・ハウスはソーシャルワークの歴史のなかでも有名なだけでなく、アメリカで最初の幼稚園をつくるなど、いわゆる直接介入をしていた。一方で、貧困層の現実を目の当たりにすることで、ジェーン・アダムスや彼女の同僚たちは社会調査や、児童労働禁止や、児童・女性の長時間労働の禁止などの労働運動や婦人参政権運動など、貧困層が経験している搾取的状況を改善・撤廃すべく構造的な変化に注力した（Addams 1910; 木原 1998）。

1960 年代から 1970 年代以降も、公民権運動、女性解放運動、ゲイ・レズビアン解放運動などが、反人種差別ソーシャルワーク、フェミニスト・ソーシャルワーク、反差別ソーシャルワーク、多文化ソーシャルワークなどの、ソーシャルワーク理論・実践法に結びついていった。ＡＯＰもそういった当事者中心の社会運動に深く影響されている。そのため、能動的にアライとして活動することが難しくとも、**ＡＯＰを行うソーシャルワーカーにとって、今起こっている社会運動を視野に入れていることが大事だ。なぜなら、個々の抑圧は大きな抑圧構造に結びついているから。**

第 4 に、ソーシャルワーカーの介入を「最小限の介入（least intervention）」（Dalrymple & Burke 1995）にとどめること。そして、**当事者ができることに関しては、ソーシャルワーカーは一歩引く「アライ」（伴奏者・支援者）のスタンスで活動をすること。**

最近日本で「アライ」という言葉が性的マイノリティ（ＬＧＢＴ）を支援する非当事者を指すものとして使われるようになってきているが、元々は、ＬＧＢＴの支援者を指すだけとは限らない。アライとは、「同盟者」の意味で、「社会の不公正なパターンから受けている特権を認識し、そのパターンを変えるために責任を負う人々のこと」（Bains 2017:163）と説明されている。例えば、障害のない人が、障害のある人を抑圧している状況を変えるために活

動することだ。また、そういった活動は独りよがりなものであってはならない。アライは「ヒーロー」になるために活動するのではなく、当事者の人たちの横から伴走したり、一歩下がって後ろから支えたり、また特権を使って当事者の声を聞いてもらえるように手助けをするなど、当事者中心の活動を支える役割だ。アライの活動の仕方は状況によって違うし、多岐にわたる。

　第5に、**新自由主義、管理主義など、構造的な問題がどのように個人・家族・コミュニティ・社会に影響を与えているかを、批判的に分析すること。**こういった構造分析は、ＡＯＰの源流であるラディカルソーシャルワーク（Fook 1993; Reisch & Andrews 2001）、反人種差別ソーシャルワーク（Dominelli 1988; Singh & Masocha 2020）やフェミニストソーシャルワーク（Dominelli 2002; 杉本 1999; 横山ほか 2020）及び、現在のクリティカル・ソーシャルワーク（Healy 2014; 田川 2013）全体に共通である。例えば、子どもの貧困や女性差別、ＬＧＢＴの人の差別、障害者差別と、高齢者の貧困化は、違った現状として表層化するが、効率と生産性と自己責任を重視する新自由主義の社会にあって、共通の根っこも持っている。当事者運動にアライとしてかかわり続ける姿勢と理念は、第7章と第8章に詳しい。

　ここで、ＡＯＰ実践の理論化の例として、ベインズのＡＯＰ実践モデルを紹介したい。

社会正義に基づいたＡＯＰ実践をするための理念

> ソーシャルワークは、社会構造と人間の痛みの結節点（nexus）で作動する（Bains 2017:25）

　カナダのブリティッシュ・コロンビア大学社会福祉学部の学部長であるドナ・ベインズは、フェミニストの研究者で、社会事業の再構築、施設および家庭内での介護、ソーシャルワークにおいて人種、階級、性別が持つ影響、

社会正義に根差したソーシャルワーク等を研究している。トロント大学で博士号取得の後、カナダおよび、オーストラリアの大学でも教鞭を取っている。

そんな彼女が2007年に執筆・編集したＡＯＰ実践の教科書が、*Doing Anti-Oppressive Practice: Social Justice Social Work*（『反抑圧的実践をすること：社会正義のソーシャルワーク』）だ。理論的・抽象的で実践のノウハウに欠けるという批判があるＡＯＰについて、難しい専門用語を囲み記事でわかりやすく説明し、様々な分野の実践者が執筆した例を使うことで、ＡＯＰ実践を具体的に想像するのに大きく貢献した。学部や修士課程の教科書に使っている大学も多く、2017年には第3版が出版された（Bains 2017）。

本書の共著者である私たちも、ＡＯＰを学び、日本でのＡＯＰの適応の可能性を探るために、2019年初頭からこの本を1年にわたって読み、議論を重ねた。ベインズの本のすべてをここで網羅することはできないが、彼女のいくつかの理念を紹介したい（詳しくはコラム2を参照）。

社会における抑圧と闘うため、ベインズは「社会正義に根差したソーシャルワーク・アプローチ」としてのＡＯＰの可能性を理論と実践の両輪で世界に示してきた。ベインズが唱えるＡＯＰはすべての社会問題に対する答えとなる絶対の解決策ではない。その代わり、社会的かつ政治的視座を常に求めるＡＯＰは、常に今の社会のあり方に疑問を投げかけるのである。

ベインズは社会正義に根差したソーシャルワーク実践を行うための核となる10の理念を掲げている（Bains 2017:5-8）。本章ではその10の理念を3つのテーマに分けて、彼女の文章を意訳して説明したい。

Ａ　抑圧の性質
　社会のなかでの「大きな関係性」と「小さな関係性」の両方が「抑圧」を生み出していて、私たちの毎日の経験は様々な抑圧や抵抗によってかたちづくられている（理念1・2）。

「大きな関係性」とは、政府、経済、文化や宗教そして国際関係などで、小さな関係性とは、社会規範、世間体、職場のきまり、アイデンティティ、いわゆる「常識」などだ。関係性から生まれる抑圧は、結局は社会のなか、つまり「人」によってつくられたものであり、「人」によって変えることができることを忘れてはいけない。

> 　B　ソーシャルワークの性質
> 　皆が同意するソーシャルワーク実践はない。ソーシャルワークは高度に政治的な実践だと言っていい。したがって、ソーシャルワーク実践とは中立で優しい気持ちを表明する活動ではなく、活動的かつ政治的なプロセスである（理念3・4）。

　大文字のPのPolitics（政治）は、「政治的な活動」など選挙を通じて政党が行うものである。一方小文字のpは、日々の生活のなかで起こる多様な困難が個人の責任ではなく「社会」の文脈でつくられ維持されることを示している。「政治とは関係のない領域（politics-free zone）」などというものはない。「すべてのことは政治的である」という考え方の基にあるのは、完全な中立は存在せず、社会的特権と資源、そして所属するグループの社会的立ち位置が、常に個人の生活に影響しているという批判的視点である。ソーシャルワーカーが行うすべての行為は政治的だと言える。

> 　C　社会正義を目指すソーシャルワークとしてのAOP
> 　社会正義を目指すソーシャルワークとは個人を支援するが、それと同時に社会を変革することも模索する実践だ（理念5－10）。

　そのためには、ソーシャルワークは様々な社会的な大義や社会運動と協同関係を構築し、ともに働く必要がある。そして、参加型のアプローチを使っ

て当事者と協働することにより、抑圧されている人たちのニーズや、社会変革の目標を実践に反映させていくことが不可欠だ。社会問題の分析や実践法にも柔軟さが求められる。自己や現存の社会構造に対する批判的分析は、ＡＯＰの本質的な構成要素である。様々な視点——フェミニスト、マルクス主義、反人種差別、ポストモダン、クイア／ＬＧＢＴＱ、反植民地主義、先住民の視点、当事者の視点などを批判的に、そして折衷的に活用していくことで、ソーシャルワーカーは最大の可能性をＡＯＰから引き出すことができるだろう。

　この理念がどう実践に移せるのかについては、本書全体で説明・議論していきたい。

ＡＯＰへの批判

　ＡＯＰの誕生から四半世紀あまりを経た 2021 年現在、文献も増加し、アメリカを除く西洋英語圏のソーシャルワーク領域で、少なくとも言説としては一般化したと見られる反面、実践方法として着実に根づいているかという点については疑問が残る。

　ＡＯＰについての批判も増え（Hafford-Letchfield & Cocker 2014）、同じような知識基盤をベースにしながらも、ＡＯＰでなく他の実践理論や方法を唱える研究者もいる（Finn 2016; Kennedy-Kish, Sinclair, Carniol & Baines, 2017; Pon et al. 2011）。これらの批判は以前から指摘されていたとは言え（Sakamoto & Pitner 2005）、9.11 同時多発テロ以降、また 2020 年からの世界的コロナ禍、反人種差別運動以降の新しい世界秩序の文脈で改めて注視に値する。

　批判の第 1 点目は、高すぎる目標である（Sakamoto & Pitner 2005）。この抑圧を取り去ることが私たちの人生のなかでできうるだろうか？　いくら走ってもゴールに到達しないようなイメージのＡＯＰでは、疲弊してしまう。

　第 2 に、ＡＯＰでは協働的視点を重要視する一方、抑圧に反対するという

出発点自体が、反体制的なスタンスであり、アンチの立ち位置に拒否反応を覚えるソーシャルワーカーも多いかもしれない（Sakamoto & Pitner 2005）。

　他職種の同僚や、管理者、地域の人たちと協働して、抑圧的な状況に働きかけたり、広く抑圧が起きないような社会をつくっていくのが、ＡＯＰの大きな目標であるはず。そのためには、もちろん、ダメなものはダメ！　と声をあげ続けていく勇気と持久力が必要だ。精神障害のある人に対する組織的な人権侵害と抑圧（詳しくは第６章参照）は、当事者と支援者（ジャーナリスト、研究者など）の何十年にもわたる草の根運動をなくしては可視化されなかったことだろう。反面、活動家や前進的な研究者や学生のなかには、体制に基本的になんでも反対し、いかに饒舌な論理・分析で、体制や既存のシステム、理論、ひいては実践者までも批判できるかということで競い合う傾向が存在する。トロントにあるヨーク大学ソーシャルワーク学部博士課程学生のハイディ・ザング*2（Heidi Zhang）は、自身のソーシャルワーク学部課程と修士課程での経験を省みて "anti-ing" いう言葉でこの傾向を語った（Zhang 2018）。なんにでも反対できる能力があたかも頭脳明晰さを表すかのように、学生の間で競い合って既存の実践や理論を批判する――それは、カナダに限らず、日本や他の国でも研究者やインテリの間で見られる現象だろう。ＡＯＰを学び、実践していくことは、ジェスチャーとしての「反抑圧」でなく、当事者の現実に根ざした抑圧撤廃への実践だということを強調したい。

　第３点目として、構造的な修正・変化を求める反面、当事者が経験する直近の問題解決が疎かになる危惧がある(Sakamoto & Pitner 2005)。抑圧の撤廃は、ソーシャルワーカーの目標か、目の前で生きにくさを経験している当事者の

＊２　ヨーク大学のソーシャルワーク教育課程はクリティカル・ソーシャルワーク（critical social work）に焦点を当てていて、実践中心というより、社会理論やフーコーの理論を自由に操って現状を批判する授業スタイルや、社会活動家の学生が多いという定評がある。ハイディとは筆者も数年にわたり共同研究を一緒にしているのだが、彼女は網羅的、批判的、かつバランスの取れた分析をする若手研究者だ。

目標か？　援助者自身の「反抑圧」の目標こそが正しい道だと思い込むに至っていないか？　（例えば、ＤＶの被害者が加害者のもとに戻りたいと言っているとき、ＡＯＰ実践者は、被害者の批判的省察の欠落が原因と思ってしまい、心から支援できないかもしれない）。

　第４に、マニュアル化には理念的に相容れないＡＯＰであるがゆえに、特に初心者にとっては、実践方法が具体的でなく、どこから手をつけてよいかわからないかもしれない。

　第５点目は、抑圧をなくすことが目標だとしたら、具体的な介入の終了点が不明確になってしまうかもしれない。これが、ソーシャルワーカーのバーンアウトにつながる可能性もある。

　第６に、交差性、または複合差別の視点を適用して、多くの抑圧の軸に焦点を当てる反面、人種差別のインパクトを軽視する可能性がある。例えば、現在の人種差別事件が多発している北米の状況にあって、反抑圧より、反人種差別的ソーシャルワークのほうが適用しやすいと思う実践者も多いかもしれない。こういった批判を受け、本書では新しいＡＯＰの方向性を示したい。そのうち、数点を以下に列挙し、残りは第２章に提示する。

新しいＡＯＰの提案──価値と姿勢

１　「いい子」のソーシャルワーカーからの脱却

　筆者は日本の社会福祉学部、修士課程で学んだが、それらを通してずっと優等生ではなかった。授業を欠かさず出席したり、論文や教科書を座って読んで勉強をするより、障害のある子どもの家族との活動に入り浸ったり、音楽療法の現場でボランティアをしたり、外に出ていくことに遥かに惹かれていたからだ。

　もともと注意欠陥がちで、研究室で長く座っていられない私を見て、大学院の友人からは、ソーシャルワークや研究職より他のことをしたほうが合っ

ているのではないか、と言われていた。そんな調子だったから、筆者自身も、自分が研究者になる／なれるとは到底思っていなかった。

　支援を受ける人が多種多様であるように、「いい子」になれない、型にはまれない自分を許し、ソーシャルワーカーやソーシャルワーク研究者自身も多種多様であってよいのだ、と思えるまでには少し時間がかかった。

　そんな筆者が制度内で働ける「いい子」のソーシャルワーカーを目指すことをやめ、その代わりに、当事者への共感とともに、マクロな構造的視点を持ち、建設的批判のできるソーシャルワーカーを目指すことを確認できたきっかけがある。それは、「いい子」(上層部からの指令を達成する者)のソーシャルワーカーが、社会的弱者の迫害の一端を進んで担っていった歴史を学んだことだった。例えば、アメリカでの人種差別。第二次世界大戦中、日系アメリカ人や日系カナダ人の北米での強制収容に際し、ソーシャルワーカーが家族援助のスキルを生かし、進んでこの差別的政策推進に加担していたこと(Park 2019)。また、カナダの先住民の文化的虐殺の一翼を担ったこと(後述する)、などである。

　歴史のなかで振り返ってみれば、**ソーシャルワーカーが驚愕するような迫害の歴史にかかわっていた**。それは、北米だけで起こったことではなく、日本でも枚挙に暇がないことである(これについては、本書の第6章から第8章に詳しい)。今、私たちがよかれと思ってしていることも、ときが経てば間違っていたとわかるかもしれない。日々の業務に忙殺されず、また、国家や営利団体の宣伝文句に惑わされず、**間違っていることは間違っている、と感じられる感受性と、どんなに小さな声でもよいから、「これ、おかしいよね」と声をあげていく重要性を確認したい**(第4章参照)。

2　「知らない」と認める初心・謙遜の心(humility)

　謙遜の心というと孔子の教えのようだが、ここでいう謙遜とは、男女間、親子間などでの上下関係を固定化した儒教的な考え方でなく、初心に帰って

他から学ぶ態度のことである。専門職であるソーシャルワーカーが当事者の方々と協働するうえで、自分より若い人や自分の目下の人の経験から学び、初心に帰り、自分の思い込みを押しつけない謙遜の心は必要である。

　近年再び「ケア」の分野で注目を浴びている、ミルトン・メイヤロフ（1987）は著書、『ケアの本質——生きることの意味』でケアのなかにあるものとして、謙遜（humility）を挙げている。

> 　ケアをする人は実に謙虚であり、相手や自分自身について（中略）進んでより多くのことを学ぼうとする。このことはまた、ケアされている人から学ぶことも意味している。つまり教師は学生から学び、親は子供から学び、そして芸術家は芸術作品から学ぶ。（Milton=1987: 55）

> 　ケアを通して、自分の能力のみならず、自分の限界が本当に理解できるようになる。つまり、私に限界があっても憤ったり、美化すべきではなくて、私の能力をうまく活用することによって誇りを持つことができるのである。（中略）そのような誇りは、うぬぼれとはずいぶん違ったものであり、（中略）これには傲慢さはいささかもみられないのである。（中略）このような意味で、誇りと謙遜との間には不適合な点は全くないのである。」（Milton=1987: 58-59）

　謙遜するために、自尊心をなくしたり自分を貶めたりする必要はない。謙遜の価値については、ブラジルの教育者、パウロ・フレイレも言及している。例えば、フレイレは、「教師」は教え、「生徒」はただ聞く、という「銀行型」、現状維持型の教育や、ひいては社会体制を批判した（Freire 1993; 竹端 2018）。

> 「銀行型」は永続性に重点を置く一方、問題解決型は変化に重きを置く。（Freire 1993 = 2011：110、上記は竹端 2018：219 の引用）

変化に重きを置く問題解決型の教育や社会活動とは、「教える」立場の者、つまり、より社会的に力を持つ者（教師、ソーシャルワーカーなどの専門職者）と、「教わる」立場の者、つまり社会的弱者（生徒、サービス利用者、いろいろな抑圧を受けている当事者など）が同じ地面に立って学び合うことだ。フレイレによると、それこそが、社会変革につながるという。

　ここで改めて、専門職化が進み、確実な知識に頼ることを求められる新自由主義下でのソーシャルワークにおいて、謙遜を考え直す意義は大きいと言いたい。これについては、後の章でもいろいろなかたちで語られる──例えば、健常者・介助者として上から目線でなく、障害のある当事者と真摯に向き合って相手から学ぶ、などである（第7章参照）。

　社会は変化する。そして社会の理解の仕方も時を経て変わっていく。近年、大きなニュースになった事件（例えば、相模原障害者殺傷事件、優生保護法裁判）や、私たちに大きな影響を及ぼした出来事（東日本大震災や新型コロナウイルス）などは、ソーシャルワークの倫理・価値基盤や、ソーシャルワーカーの日常の仕事にも大きな影響を与えたと言える。

　翻って、対象者に関するソーシャルワーカーの理解も拡大・変化する必要があっただろう。例えば、旧優生保護法。障害者が不妊手術を受けることが法律で定まっていて、社会的にも容認されていたことはまだ遠い昔ではない。相模原障害者殺傷事件を経て、いかに国家による優生主義的思想が、社会のなかに根強く残っていたか、という大きな問題を私たちは突きつけられている（雨宮 2019; Gibson 2015）。

　ソーシャルワーカーが対応している社会問題や、理解していることは、常に変化している。例えば、ＬＧＢＴなどの性的マイノリティについて、当事者運動の積み重ねが、当事者の可視化と権利保障につながってきた。地方自治体でのＬＧＢＴパートナーシップ制度の誕生や、民間企業でＬＧＢＴのパートナーを認知する福利厚生制度の拡充などだ。そういった**当事者運動の状況や、新しい多様性の理解に、ソーシャルワーカーは敏感である必要があ**

る。ソーシャルワークは人間を相手にするのだから、常に自分の専門的知識を持ちながらも、**初心の心で他の人の置かれている抑圧的状況を理解することに努めることが不可欠だ**。本書で推進するＡＯＰも、フレイレの言うように、問題解決型で変化に重きを置くことを目指すものであることを強調しておきたい。

3　抑圧・差別の歴史と当事者運動から学ぶこと──アライの役割

　ＡＯＰを学び、実践するうえで不可欠なのは、当事者の声に耳を傾け、その経験から学ぶことである。また、**専門職が一歩踏み込み、当事者運動の存在を認識し、可能な限り伴走者としてかかわったり、専門職としての特権を用いて、当事者の声が社会に、福祉行政に届くお手伝い、支援者、味方（アライ）になることも大事だ**。

　例えば、筆者がこれまで行ってきた参加型研究では、当事者の声を増幅させ、研究者としての地位と特権を使って、研究基金を取ってきたり、当事者の立場・研究に基づいた政策提言を行ったりしてきた。研究をするうえで、時には信頼関係ができるまで辛抱強く待つということもある。筆者はカナダに移った当初、中国系カナダ人のアドボカシーをする団体に感銘を受け、ボランティアをし始めた。コミュニティのなかには家族や親戚が日本軍に殺された歴史を持つ人が必ずいるから、私が日本人ということで、太平洋戦争で日本軍が中国に侵攻し民間人を殺戮した過去を認識して話すことも重要だと思った。そういう過程を経て多くのメンバーと信頼関係を築いていった。アライとして 10 年以上にわたり共同で研究をしてきて、私自身の学びも大きかった。日本でも、女性運動、障害者運動、反貧困運動など、社会福祉従事者や研究者もアライや当事者としてかかわってきた歴史がある。それらの歴史や先駆者から学ぶ大事さも強調しておきたい（雨宮 2019; 石川 2020）。

4　多面的な自分をソーシャルワーク過程に持ち込むこと

近代的二元論は科学の推進につながった反面、人間の認知的側面を過度に「信仰」し、学問・研究過程からも人間性の他の側面を追いやってしまった。近代的ソーシャルワークも然り、頭で理解することを優先し、ソーシャルワーカーの専門職化に伴い、自身の感情や弱さを語ることはよしとされない。ソーシャルワーカー自身も、身体、心、感情、精神性などの「ソフト」な自分は仕事に必要ないと思いがちだ。

　しかし、新しいＡＯＰでは、共感を育むソーシャルワーカーになるためには、**自分自身の vulnerability（脆弱性、自分の弱さ）を見つめ、感情に寄り添うことで、ＡＯＰソーシャルワーカーとしての資質がシャープになっていくことを提言したい。**

　例えば、自分の直感を信じる。モヤモヤ、「なんか違う」に気づき、言語化、行動化していくことは、「当たり前」になっている抑圧構造に気づき、問題化していくことにとても大事なステップである（竹端 2018）。このことはまた、西洋的近代が推し進めていった「ただ一つの真実」が存在するという傲慢な考え方の脱却、ひいては、「脱植民地化」の思考・行動につながると考える（Allan Hackett & Jefferey 2019; Smith 2012）。

5　「当たり前」とされていることに疑問を持ち、新しい言説をつくること

　前述した脱植民地化にもつながるが、**ソーシャルワーカーやソーシャルワーク研究者が、社会での立ち位置・特権を使って、「当たり前」を問題化し、新しい言説をつながる作業に従事することは重要だ。**

　例えば、アメリカで 1969 年から 50 年以上続く子ども用テレビ番組の『セサミストリート』には、初期からいち早く、黒人や障害のある子どもや、女性の科学者、親が刑務所にいるキャラクターが登場し、社会の多様性を普遍化するのに貢献した。日本の子ども番組やニュース番組でも、以前より女性の活躍が見られるが、まだ若い女性が男性の補助的役割を担っていたり、特定した役割を担うことが多い。博士や医者はいつも年長の男性など、まだ男

女分権言説が変わっているとは言い難い。

　こういった「生きにくさ」を助長する言説はＡＯＰソーシャルワークとは無関係ではない。それがどんなに小さい例でも、新しい言説づくりに貢献することの重要性を記したい（このことは、第3章から第8章でも繰り返し出てくる大事なテーマだ）。

　筆者は北米に20年以上住んでいるが、日本に帰国するたびに、女性や女の子の性的対象化の度合いが強すぎるあまり、気が重くなる。インターネットや街の広告にあふれる極端に胸が大きい制服姿の少女など、女性を性的に歪曲して描いている漫画やアニメが溢れかえっている。インターネットで全く関係のない事柄を検索していても、若い女性を性的に描いていたり、レイプを示唆するオンライン漫画の広告などがすぐ目につく。意図せずふいにこんなに性的描写が溢れ出てくるなんて、カナダでは考えられない。筆者には小学生の子どもがいるが、こんな描写は絶対に見せたくない。女性の性的対象化に極端に寛容な日本。2019年に愛知県で13歳の娘に性暴力を振るった父親に無罪判決が下されたという衝撃的なニュースを筆頭に、日本の法制度や法律にはびこる女性差別、男尊女卑は信じられないほどにひどい。

　ジェンダー不平等は、レイプや痴漢被害などの性的暴力やＤＶ被害にとどまらず、雇用差別、医学大学入試における女子のみの減点、女性だけに課せられるパンプスやスカートという職場での制服の強要など様々なかたちで、女性の生活に生涯を通じて影響がある。また、女性の賃金が低く、雇用機会が限られている点で、子どもの貧困にも深いつながりがある。

　そんななかでも、社会のなかで「なかったことと」されてきた根深い社会問題に取り組み、少しずつ社会を変えてきた多くの人たちがいること、そして今でも連綿と続く活動があることを認識することは重要だ。例えば、「ドメスティック・バイオレンス（ＤＶ）」という言葉や概念は、1990年代にはまだ広く認識されていなかった。1992年にソーシャルワーク研究者の吉浜美恵子（ミシガン大学教授）らが結成した「夫（恋人）からの暴力」調査研究

会（ＤＶ調査研究会）が日本で最初にＤＶの実態調査を実施し、その結果をもって社会に働きかけていった結果、2001 年には「配偶者暴力防止法」（通称、ＤＶ防止法）に結びつき、「ドメスティック・バイオレンス（ＤＶ）」は 2001年の流行語大賞に入賞もしている（「夫（恋人）からの暴力」調査研究会 2002）。女性有志のグループがバックラッシュを受けながらも、地道に実態調査・参加型研究、アクティビズムという両輪での活動を続けていった結果、社会変革につながったことを胸に記したい。

おわりに

　ＡＯＰの理論と実践が 20 年余りをかけて、カナダ、イギリスや他諸国で多様化、一般化するなかで、ＡＯＰや関連する実践理論が言説のみに形骸化しているという懸念もある。また、新自由主義、管理主義が席巻するなか、ＡＯＰを実践する、また、実践し続けることは可能なのだろうか？

　新型コロナウイルスの感染拡大により、世界規模で不平等の加速と可視化が進んでいる社会秩序のなか、ＡＯＰはどういった進展を遂げていく必要があるのだろうか？

　また、世界規模に発展した反黒人人種差別撤廃を要求する社会運動であるＢＬＭ（Black Lives Matter）が、アメリカ、および多くの欧米の国々でのソーシャルワークに与える影響は大きく、これから国際的にソーシャルワーク全体で、反抑圧、反差別と闘っていく決意がアメリカをはじめ、カナダ、ヨーロッパや数々の国で起こっていると言える。日本におけるＢＬＭの影響は直接感じられないかもしれないが、ソーシャルワークのなかからも、構造的格差・構造的抑圧について、ソーシャルワークの無為による加害者性への反省と、構造的抑圧を撤廃していく責任・任務について国際的に再考が求められていると言っても過言ではない（Singh & Masocha 2020）。

　今、日本での研究者や実践者も、その方向性に注視する必要がある。こう

いった疑問や状況も含め、これから本書にて、私たち５人の著者がＡＯＰについて様々な角度から、自分たちの事例を含めて検討していきたい。

参考文献

Addams, J. 1910, Twenty years at Hull House: With autobiographical notes, New York: Macmillan.

　　　　1922, *Peace and Bread in Time of War,* New York: Macmillan Company.

Allan, B. Hackett, V. C. R., & Jeffery, D. 2019, "Decolonial futurities in social work Education: Epistemological, relational, and institutional pathways," *Intersectionalities: A Global Journal of Social Work Analysis, Research, Polity, and Practice*, 7(1): 1-8.

雨宮　処凛編、2019、『この国の不寛容の果てに：相模原事件と私たちの時代』大月書店。

Bains, D. [2007]2017, *Doing Anti-oppressive practice: Social justice social work*, 3rd ed, Halifax & Winnipeg: Fernwood.

Bishop, A. 2002, *Becoming an ally*, Halifax: Fernwood Press.

Dalrymple, Jane and Burke, Beverley. 1995, *Anti-oppressive practice: social care and the law*. Open University Press.

Dominelli, L. 1988, Anti-racist social work: A challenge for white practitioners and educators, Macmillan.

Dominelli, L. 2002a, *Anti-oppressive social work theory and practice*, Houndmills, Hampshire, UK: Palgrave Macmillan.

Dominelli, L. 2002b, Feminist social work: Theory and practice, Palgrave. (＝須藤八千代訳、2015、『フェミニストソーシャルワーク──福祉国家・グローバリゼーション・脱専門職主義』明石書店）

Dumbrill, G. C. & Yee, J. Y. 2019, *Anti-Oppressive Social Work: Ways of Knowing, Talking, and Doing*, Oxford University Press. Toronto

Finn, J. 2016, *Just practice: A social justice approach to social work*, Oxford University Press.

Fook, J. 1993, Radical casework: A theory of practice. St. Leonards, Australia: Allen & Unwin.

Freire, P. 1970, *Pedagogia do oprimido*, Paz e Terra.(=Ramos, M. B. 1993, *Pedagogy of the Oppressed,* New York: Continuum)（＝三砂ちづる訳、2011 年『被抑圧者の教育学 ──新訳』亜紀書房。）

Gibson, M. F. 2015, "Intersecting Deviance: Social Work, Difference and the Legacy of Eugenics", *British Journal of Social Work*, 45(1): 313-330.

Gibson, P. 2016, "Ally model of social justice in social work". *The Encyclopedia of Social Work*.

Gutiérrez, L. M. & Lewis, E. 1990, *Empowering women of color*, New York: Columbia University Press.

Hafford-Letchfield, T. & Crocker, C. 2013, *Rethinking Anti-Discriminatory and Anti-Oppressive Theories for Social Work Practice*, London: Palgrave.

Healy, K. 2014, Social work theories in context: Creating frameworks for practice (2nd ed.), Palgrave.

Hill Collins, P. [1991]2000, Black feminist thought: Knowledge, consciousness, and the politics of empowerment, 2nd ed, New York: Routledge.

石川優実（責任編集）、2020、『エトセトラ　Vol. 4　特集女性運動とバックラッシュ』 37-41 頁、エトセトラブックス。

Kennedy-Kish (Bell), B., Sinclair, R., Carniol, B. & Baines, D. [2005]2017, *Case critical: Social services and social justice in Canada*, 7th ed, Toronto: Between the Lines Press.

木原活信、1998、『J. アダムズの社会福祉実践思想の研究』川島書店。

児島亜紀子、2019、「反抑圧ソーシャルワーク実践（AOP）における交差概念の活用 と批判的省察の意義をめぐって」『女性学研究　Women's Studies Review』26 巻 19 － 38 頁、大阪府立大学女性学研究センター。

Liard, S. 2008, Anti-Oppressive Social Work: A Guide for Developing Cultural Competence, London: Sage.

Kumashiro, K. 2000, "Toward a Theory of Anti-Oppressive Education", *Review of Educational Research*, 70(1):25-53.

Mehrotra, G. 2010, "Toward a continuum of intersectionality theorizing for feminist social work scholarship", *Affilia*, 25(4):417-430.

Mayeroff, M. 1970, *On caring*, Harper Perennial World perspectives, v. 43（＝田村真・ 向野宣之訳、1987、『ケアの本質──生きることの意味』ゆみる出版。）

水無田気流、2020 年 11 月 22 日、「女性の自殺者増、コロナでケアワークが重圧に ——ダイバーシティ進化論」『日本経済新聞』、（最終閲覧日 2020 年 12 月 24 日、 https://www.nikkei.com/article/DGXMZO66453340Q0A121C2TY5000）。

Morgain, K. & Capous-Desyllas, M. 2014, *Anti-oppressive social work practice: Putting theory into action*, Los Angeles: Sage.

Mullaly, R. 1998, *Structural social work: Ideology, theory and practice*, Toronto: Oxford University Press.

二木泉、2017、「ソーシャルワークにおける反抑圧主義（ＡＯＰ）の一端——カナダ・ オンタリオ州の福祉組織の求人内容と組織理念を手がかりとして——」『社会福 祉学』58 巻 1 号、153-163 頁。

「夫（恋人）からの暴力」調査研究会 、2002、『ドメスティック・バイオレンス—— 実態・DV 法解説・ヴィジョン　新版』有斐閣。

Park, Y. 2019, Facilitating injustice: The complicity of social workers in the forced removal and incarceration of Japanese Americans, 1941-1946, Oxford University Press.

Pitner, R. & Sakamoto, I. 2005, "Examining the role of critical consciousness in multicultural practice: Examining how its strength becomes its limitation", *American Journal of Orthopsychiatry*, 75(4):684-694.

Pon, G., Gosine, K. & Phillips, D. 2011, "Immediate response: Addressing anti-native and anti-racism in child welfare", *International Journal of Child, Youth and Family Studies*, 3/4:385-409.

Reisch, M. & Andrews, J. 2001, The road not taken: *A history of radical social work in the United States*. New York: Brunner-Routledge.

坂本いづみ、2010、「多文化社会カナダのソーシャルワークとグローバリゼーション の影響」『ソーシャルワーク研究』36 巻 3 号、198-204 頁、相川書房。

Sakamoto, I. & Pitner, R. 2005, "Use of critical consciousness in anti-oppressive social work practice: Disentangling power dynamics at personal and structural levels", *British Journal of Social Work*, 35(4):420-437.

Sakamoto, I. 2007a, "An anti-oppressive approach to cultural competence", *Canadian Social Work Review*, 24(1):105-114.

Sakamoto, I. 2007b, "A critical examination of immigrant acculturation: Toward an anti-oppressive social work with immigrant adults in a pluralistic society", *British Journal of Social Work*, 37(3):515-535.

Sakamoto, I., Syed, M. A., Zhang, H., Jeyapal, D., Ku, J. & Bhuyan, R. 2018, "Social work with immigrants and the paradox of inclusive Canadian identity: Toward a critical view of 'difference'", *Canadian Social Work Journal*, 20(1): 88-110.

Singh, G. & Masocha, S. (Eds.), 2020, Anti-racist social work: International perspectives, Red Globe Press.

Smith, L. T. [1999]2012, *Decolonizing methodologies: Research and Indigenous peoples*, 2nd ed, Zed Books.

Solomon, B. B. 1976, *Black empowerment: Social work in oppressed communities*. New York: Columbia University Press.

田川佳代子、2013、「クリティカル・ソーシャルワーク実践の理論素描」『社会福祉研究』、15 巻 13-20 頁、愛知県立大学『社会福祉研究』編集委員会。

杉本貴代栄、1999、『ジェンダーで読む福祉社会』、有斐閣。

竹信三恵子、戒能民江、瀬山紀子編、2020、『官製ワーキングプアの女性たち：あなたを支える人たちのリアル──岩波ブックレット　No. 1031』岩波書店。

竹端寛、2018、『当たり前をひっくり返す──バザーリア・ニィリエ・フレイレが奏でた「革命」』現代書館。

Wehbi, S. & Parada, H. 2017, Reimagining Anti-Oppression Social Work Practices, Toronto: Canadian Scholars Press.

Wilson, R., Sakamoto, I. & Chin, M. 2017, "The labour market and immigration", M. C. Yan & U. Anucha. eds., A handbook for social work and human services, Canada: Oxford University Press, pp.111-132.

横山登志子、須藤八千代、大嶋栄子編、2020、『ジェンダーからソーシャルワークを問う』図書出版ヘウレーカ。

Yoshihama, M. 2009, One unit of the past: Action research project on domestic violence in Japan. In J. Sudbury & M. Okazawa-Rey (Eds.), The challenge of activist scholarship: Antiracist feminism and social change (pp. 75-94). Boulder, CO: Paradigm Publishers.

Zhang, H. 2018, "How 'Anti-ing' becomes Mastery: Moral Subjectivities Shaped through Anti-Oppressive Practice" *The British Journal of Social Work*, 48(1):124-140.

コラム1　ＡＯＰの源流

　ＡＯＰのルーツはいくつかあるが、1960年代以降の社会運動が大きな源流となっている。1960年代後半から1970年代には、イギリスでは資本主義、階級による抑圧、アメリカでは人種差別を批判するうねりが社会運動となり、社会科学にも大きな影響を与えた。イギリス、アメリカ、カナダのソーシャルワークのなかからも、多様性の問題を理論や実践に反映する動きが見られ始める。1960〜1970年代、主にマルクス主義に影響を受け、社会階層を撤廃する目的のラディカル・ソーシャルワークやラディカル・ケースワークの研究がイギリスやアメリカで起こるが（Fook 1993; Hick, Fook & Pozzuto 2005; Reisch & Andrews, 2001）、それが主流になることはなかった。またそれらでは、階級による差別は語られても、人種差別や女性差別にまで言及する理論・研究は少なかった。そんななかで、黒人のエンパワメントを歴史的に概観し、理論化する『ブラック・エンパワメント』が、アメリカの黒人のソーシャルワーク研究者である、バーバラ・サロモンによって1977年に出版されているのは、特記に値する。

　1980年ごろになると、カナダやイギリスでは、教育や社会学でアンティ・レイシズム（反人種差別主義）が唱えられるようになる。アメリカでも、文化や人種の違いを考慮した実践モデルが提唱され始める（例えば、ethnic-sensitive model, cross-cultural social work）。こういったモデルは、ソーシャルワーカーを中流階級出身の白人と想定し、社会の主流に属するソーシャルワーカーが「他者」である、非白人のクライエントに対応するために知らなければいけないこと、という設定になっていることが多く、現在では「文化識字モデル」と批判されることも多い（Sakamoto 2007a）。そんななかで人種やジェンダーによる抑圧をベースにした理論が研究・実践されるようになる。例えば、アメリカ社会では、公民権運動を受けて、人種に関する多様性の言及、研究が先行したが、その後台頭してきたフェミニズムの影響でジェンダーの

抑圧をベースにした理論や実践も 1980 ～ 1990 年代から見られるようになった。

　1990 年代まででは、イギリスや北米では、人種差別、女性差別、階級差別に関する理解が深まっていったが、どれか一つに焦点を当てて問題の理解をしたり介入をする、というスタンスが主だった。権力関係が複雑に入り組むことで黒人女性が抑圧されている状況から、アメリカの黒人女性の研究者たちが改革的な理論を提言していった。パトリシア・ヒル・コリンズの Black Feminist Thought（黒人女性のフェミニズム理論）(Hill Collins 1990) や、キンバリ・クレンショーの intersectionality（＝交差性）(Crenshaw 1989；児島 2018) といった理論は 多様な属性によって様々なかたちの抑圧を同時に経験する人たちの経験を的確に捉え、社会科学全体に大きな影響を及ぼした。ソーシャルワーク領域でも、人種とジェンダーの複合差別を理論と実践に反映した文献も出てきており（Gutierrez &Lewis 1999）、後に発展することになるＡＯＰの理論化と実践の促進もこういった黒人女性や非白人の研究者たちの研究貢献が大きい。

参考文献

Michael, R. & Andrews, J. 2001, *The Road not Taken: A History of Radical Social Work in the United States*, New York: Brunner- Routledge.
＊上記に載っていない文献については、第 1 章・第 2 章を参照のこと。

2　カナダでのソーシャルワーク教育の状況と課題

坂本いづみ

筆者のソーシャルワーク教育の体験から

　筆者は日本で社会福祉教育を受けた後、ソーシャルワークの文化特有性と普遍性を学ぶために、アメリカ、ミシガン大学の大学院へ入った。アメリカでは、数々の素晴らしい経験をした一方で、人種差別的な発言や行動の標的になることもあった。

　その頃、ミシガン大学はアファーマティブ・アクションがあり、歴史的に差別・迫害されてきた黒人などの非白人や、低所得の家庭出身の高校生などを積極的に支援し、入学させる方策を施行していた。筆者は博士課程に入ったとき、同じく博士課程に願書を出していたが不合格だった白人女性から、「あなたのせいで私が不合格にされた」と面と向かって非難された。じつはアファーマティブ・アクションは、アメリカ国籍か永住権を持つ市民が対象なので、留学生だった筆者はその恩恵にあずかれなかったのだが、その女性にしてみれば、英語も拙い外国人の私が合格し、アメリカ人である自分が不合格なのが、理解不可能だったのだろう。私は困惑し、なんて言い返したらよいかもわからなかったが、その後ふつふつと怒りの感情が湧いてきた。

　他にも、ある研究者から長期にわたりアカデミック・ハラスメントを受けた。アジア系の女性で英語が母国語でない留学生という属性によって、どうせ文句は言わないだろうと捉えられ、不当な扱いを受けたのだと感じた。

　そんな悔しい思いをするなかで、お互いの経験を分かち合える留学生のグ

ループを仲間と立ち上げた。また、海外のソーシャルワークの状況を知っている留学生という自分たちの立場を逆手に取って、国際福祉に興味のあるアメリカ人学生と一緒に活動する国際ソーシャルワークのグループを立ち上げたりした。お互いに情報交換したりサポートし合うだけでなく、学内セミナーや、学外の専門家を招いた会議を開催することで、学部内での国際福祉への興味を向上させ、翻っては留学生の立ち位置を改善しようと思ったからだ。その後、教員＊１や大学内の複数の部署から協力を受け、留学生や客員研究員らの家族（多くの場合、女性配偶者とその子ども）への多国語での情報提供や、お互いのコミュニティづくりの支援や、そのコミュニティのアドボケートをする活動を立ち上げた。そして、次の４年間では、大学内の研究基金を受けたプログラムとして活動するに至った。

　日本に比べて、思い立ったときに活動を起こしやすいと感じた。声をあげると、同じ思いの人や、応援してくれる人が見つかった。メンターに恵まれて、アドボカシーやコミュニティ・オーガニゼーションのやり方を少しずつ学ぶことで、この体験が自分をエンパワーする経験ともなった。そんな社会的文脈のなかで、人種的マイノリティの歴史や、人種差別、女性差別、ＬＧＢＴへの差別などについて理論的にも実体験としても学んでいった。

　私がカナダのソーシャルワークを意識し始めたのは、2000年夏だ。国際ソーシャルワーク学校連盟と国際ソーシャルワーク連盟の合同学会がカナダのモントリオールで開催された。カナダからの発表者が何人も "Anti-oppressive practice（ＡＯＰ）" という言葉を使っていることに気づき、「これだ！」と思った。じつはその数年前、イギリスを旅行中にたまたまＡＯＰの本を本屋で手にして以来、気になっていた言葉だった。2000年の学会でカ

*１　ロレイン・グティエレズ（Lorraine Gutiérrez）教授と吉浜美惠子教授には、協力者としてもメンターとしてもお世話になり、非白人女性のフェミニストの視点からのエンパワメント理論と、参加型研究のノウハウを学び、それが、後にＡＯＰを学ぶ基礎になった。

ナダからの研究者や実践者と交流を経ることで、カナダではＡＯＰの言説が根づいていることを知った。

　その頃アメリカでは、社会正義的視点に焦点を当てた実践理論としては、「多文化ソーシャルワーク（multicultural social work）」が主流だった。ただ、「多文化ソーシャルワーク」支持者には、他の文化のことを表面的に知るばかりで実際の権力構造には言及しない「現状維持派」「主流派」の考えの人たちも多く、権力構造自体や社会自体を変えていく、という考えの人たちは少数派だった。ソーシャルワークそのものや、ソーシャルワーカーの特権を批判的に省察したりすることもない。当事者・利用者の問題定義と解決を目指すところから始まっても、長期的にそもそもの問題が起きないように構造的に社会を変えていくための視点や方法も少なかった。恐らく「多文化」という概念自体が中立的に使われていることで、革新的な考え方を持ってそれを理論化や実践していたとしても、中心概念の曖昧さによって主流派や保守派の考え方に乗っ取られる危険性をはらんでいるからかもしれない、と考えた。

　それに比べて、ＡＯＰでは当事者・利用者が困っている状況の根幹に抑圧があることを大前提とし、その状態を婉曲的にではなく、そのものとして認識し、そして真っ向から対峙する。たとえ全体の抑圧状況を撤廃することができなくとも、それが究極の目標であるということがはっきりしている。例えば、人種差別をなくすには、多様性（diversity）や包括（inclusion）を進めるだけでは権力構造自体は変化しない。その点、ＡＯＰでは、例えば、人種差別をなくすためには、反人種差別の考え方を包括し、白人優越主義自体を撤廃するように動く必要があると考える。また、複合差別にも注目する。敵を敵とみなすことで政治的になることを躊躇しない。その潔さに惹かれた。

カナダのソーシャルワーク教育とＡＯＰ

　いざカナダに来てみると、カナダのソーシャルワーク教育とアメリカの

ソーシャルワーク教育には、相違点よりも共通点のほうがずっと多いことに気がついた。カナダの社会政策や普遍的健康保険制度など、社会システムについての基本知識と技術以外は、心理学的影響が強いアメリカのカリキュラムによく似ている。授業で使う教科書や論文はカナダから発信された文献をなるべく使うようにしているが、数字上ではアメリカで出版されたものが圧倒的に多い。カナダでは、アメリカと同様、学部でも修士課程でも、ジェネラリスト・ソーシャルワークのカリキュラムが基本になっているが、修士課程ではさらに、特化分野を選び、実践分野（子どもと家族、高齢者、精神保健、医療、先住者の福祉など）や、実践方法（施設の運営・経営など）でより専門的な知識・技術を担うことが要求される。

　アメリカと違う点としては、カナダでは未だにイギリスのエリザベス女王が象徴としての元首で、イギリスとの政治的・心理的距離の近さがあることかもしれない。ソーシャルワーク研究でも、アメリカの研究者は大多数がアメリカで発刊されている研究文献しか読まないのに対し、カナダの研究者は主にアメリカの専門誌に投稿し、アメリカの学会に行くが、筆者も含め、イギリスの研究誌に投稿する人も多く、知識基盤としてもイギリスや他の国の研究者からの影響も大きい。

　例えば、この本の焦点であるＡＯＰ（Dominelli 2002; Sakamoto & Pitner 2005; Baines 2017; 児島 2018; 二木 2017）をはじめ、関連した実践理論・モデルであるクリティカル・ソーシャルワーク（critical social work）（Hick, Fook & Pozzuto 2005; Rossitier 2005; 田川 2012）や、構造的ソーシャルワーク（structural social work）（Mullaly 2007; 田川 2012）などは、カナダをはじめ、イギリスやオーストラリアで育まれており、アメリカよりも社会学的、革新的な理論展開も目につく（Razack & Badwall 2006）。また、先住民の人々を植民地化した反省から、差別・抑圧の真実と和解をする努力が見られる他、「インディジナス・ソーシャルワーク」＊2 等、先住民の強み・経験・実践と知識体系を認識する必要性も近年訴えられてきている（Baskin 2016; Coates et al. 2008; Sinclair 2004）。

カナダのソーシャルワーク教育課程にはＡＯＰが盛り込まれている（CASWE 2014）。しかし、ＡＯＰの教え方については確立した共通のカリキュラムがあるわけでなく、各大学のソーシャルワーク学部や、教員にかかっている。日本の社会福祉士国家試験に向けた学習指導要項のように、最終的な国家資格という評価基準から、教科書を通した学習によって学ぶ内容が標準化されている、ということもない。その結果、実際に学部や大学院のソーシャルワーク教育課程によって、どの程度ＡＯＰを学んだかどうかはまちまちだ。

　カナダ・ソーシャルワーク教育連盟が認定しているソーシャルワーク学部課程か修士課程を修了して、各州にある認定ソーシャルワーク資格団体に登録することで、名称独占の「認定ソーシャルワーカー」という資格を名乗ることができる。登録後、毎年、自分の実践がソーシャルワークの倫理綱領にかなっていたかどうか、継続学習を行ったかどうかなどを自己申請して登録料を支払えば、資格が更新される。

　筆者はカナダで教鞭を取りながら、参加型研究を様々なコミュニティと協働して行っていくなかでＡＯＰを学び、研究および理論化にかかわってきた。本書は実際に使える日本版ＡＯＰを共著者をはじめ、読者のみなさんとこれから一緒に培っていくために生まれた。これからも続く各々の学びを経て、ＡＯＰは変わっていく可能性および必要性があるが、現在伝えたい原理をここに記す。実際に読者それぞれの実践や教育の現場で、これらの原理がどう活用できるのか、またできないのか、本書の他の章を通じて一緒に考えてい

＊2　例えば、西海岸のビクトリア大学のソーシャルワーク学部は、学部長も先住民のソーシャルワーカーで、学部の教員にも先住民の人たちが数人いる。同大学やライアソン大学のカリキュラムでは、脱植民地化が一つの柱になっている。筆者のいるトロント大学でも、2016年から修士カリキュラムの一部として、先住民のトラウマと強み（resilience）に焦点を絞ったソーシャルワークの課程（専攻）が始まった他、他大学でも先住民の常勤教授を雇ったり、カリキュラムに先住民の世界観を反映させたり、特化した専攻をつくるなどの試みがある。

くことができたら幸いである。

ＡＯＰ実践を学ぶために

Ａ　自分の立ち位置を省察し、抑圧構造について考え、自分の持つ特権と抑圧状態について思いを巡らすこと（批判的省察の第一歩）

　社会的抑圧とそれに対する抵抗について考える際に、自分自身の社会における「立ち位置（positionality）」とそれに付随する「力と特権（power and privilege）」について省察することは不可欠な要素である（Pitner & Sakamoto 2005; 竹端 2018）。

　北米のソーシャルワーク課程では、多様性セミナーを学生に必修させることが多い（第 4 章参照）。そうでない場合は、多様性や公正について 1 学期、または、通年で必須科目になっていることもある。例えば、筆者の勤めるトロント大学ソーシャルワーク学部の修士課程の学生は、3 時間の「公平性と多様性ワークショップ」を履修することが必須になっている（市川・上田 2019）。このワークショップは、社会的立ち位置の自己覚知をするために、個人の持つアイデンティティ要素、そして所属する社会的グループによってときに無自覚に行使する特権（性別・人種・能力等）を自己省察することを目指す。また、社会的立ち位置というのは複合的かつ流動的な面もあり、同じ個人が状況によって、社会のなかで優位な立場に立ったり、抑圧される側に置かれたりするということを学ぶ意図も持つ（児島 2018）。そこから見えてくるのは、加害者と被害者にきっぱりと分けられないという構造的抑圧の複雑さである*3。

　筆者はサウス・カロライナ大学ソーシャルワーク学部、学部長代理のロナルド・ピットナー教授と長年にわたり、批判的省察とＡＯＰについて協働して研究してきた（Sakamoto & Pitner 2005）。そのなかで、ソーシャルワーカーやカウンセラーが批判的省察を深めるためのモデルを提唱した（Pitner &

Sakamoto 2005; 2016)。このモデルは、自分の立ち位置やアイデンティティを個人レベルで模索することと、マクロのレベルで構造的分析をすることが自転車の両輪のように作用し、その中央には行動がある、というものである。この過程で大事なのは、批判的省察を深めるには、頭だけの（認知的）理解では足りず、知識に付随する感情や内在化した価値の洗い出し・気づきも重要だという点だ。例えば、頭ではわかっていても、咄嗟のときに差別的な行動や批判的な感情が出てしまう経験を持つ人は多いのではないだろうか。「怒り」「苛立ち」「困惑」などの感情は、不愉快ではあるけれど、じつは私たちが批判的省察を進める「ガイド」となってくれるありがたい存在なのだ（Wong 2004）。これについては例を後述する。

B　内省的省察（critical consciousness）を後押しする「自己変革へと続く成長のための立ちどまり（transformative disruption）」

「自己変革へと続く成長のための立ちどまり（または、変容的混乱transformative disruption）」（Massaquoi 2017）とはノティシャ・マサクワ＊4 が定義した「より高次元なソーシャルワークに移行するための前向きな自己疑念の体験」である。これは例えるならば、人生のなかで次なる段階へ移行・成長するための通過儀礼としての修行等と似通った考え方かもしれないが、自分の存在に衝撃を与える出来事を起源として起こる過程であることが異なる点である。マサクワは、緊張感、混乱、不満、感情的痛み、そして自身に

＊3　愛知県立大学教授の田川佳代子は 2012 年の論文で、クリティカル理論、ポストモダニズム、ポスト構造主義を比較検討し、その強みを統合した、オルタナティブ・ソーシャルワークの方向を示唆している。

＊4　ノティシャ・マサクワはヘルスケアの公平性、黒人女性、ＨＩＶ、そしてＡＯＰに基づいたサービス提供などを専門とし、トロント市で「女性による女性のためのコミュニティヘルスセンター」の所長を 20 年間務め、多くの人権活動に関する賞を受賞した、著名なソーシャルワーカー、社会活動家である。2021 年 7 月からは、トロント大学スカーボロ校で、助教授としても活動している。

対する疑心等を含むアイデンティティを揺るがす体験は、私たちを立ちどまらせるが、その一方でそれを通過することで、突如とした著しい成長がもたらされると言う。そしてそれは、新しい批判的視点と高度な実践知や実践の力を得る機会ともなり得るとしている。つまりは、よりよい「バージョン」の自分になるための通過点としての前向きな迷い、ソーシャルワークに携わる者を高次元に進ませる可能性を秘めている疑いである。

　筆者自身も、そういった「自己変革へと続く成長のための立ちどまり」の経験がいくつもある。「目から鱗」の衝撃的な経験、頭をガーンと叩かれたような失敗経験、とでも言えばよいだろうか。それまで知っていたつもり、わかっていたつもりだったことが、違うことに突如気づくことで、それまでわかっていなかったことに極度の恥を感じ、それにより、手の届かなかった内省的省察を可能にしてくれる、じつはありがたい経験である。

　一つの例を挙げる。10年以上前に、先住民や移民を含むホームレスの女性らがどうやってお互いに支え合っているのかを探る参加型研究を、地域のソーシャルワーカーや当事者と協働して行った（Allan & Sakamoto 2014; Sakamoto, Chin, Wood & Ricciardi 2018）。その研究では初期段階でインタビューを行い、その書き起こしのコード化（コーディング）ももう終了していた。その時点で、先住民の大学院生（Aさん）がチームに加わったので、データのなかの先住民の女性のサブグループに特化して分析するように頼んだ。私としては、第一段階のコード化はもう済んでいるので、それを見てまとめてくれればよい、と思い、その旨をAさんに伝えた。しかし、Aさんの仕事は遅く、なかなか連絡がない。確認すると、Aさんはコード化を一からやり直しているというのだ。もうすでに終わっている仕事を繰り返すことで、時間も労力も無駄になる、と私は苛立ったが、もうAさんのコード化は終わりそうな段階で、結果的にはそのままAさんのやり方で進めてもらった。

　その後、しばらくして先住民の世界観や歴史を学んでいく過程で、ある日私ははっと気がついた。他の人がしたコード化には先住民の人たちの世界観

や視点が反映されていなかったのだ。それに気づくことなく、そのコードをＡさんに押しつけて分析を進めようとしていた自分を恥じた。私自身も移住者で人種的マイノリティではあるが、白人優越主義が蔓延している大学という環境にいることで、その考え方に同化し、Ａさん、そして研究に参加してくれた先住民の女性たちに、植民地的思想を押しつけるところだったかもしれない。申し訳ない、とＡさんに謝ったと同時に、彼女が自分のやり方で分析を進めてくれたことに感謝した。もちろん、最初からそう言った議論を私とＡさんでしっかり持てばよかったのだが、教員と大学院生という力関係もあるし、先住民の世界観がまだ大事にされていなかった環境にあって、Ａさんが私に最初に相談できなかったのも理解できる。このことでＡさんと私はきちんと話し合いと和解をしたので、もうわだかまりはないが、ソーシャルワーカーとしても、教育者や研究者としても、こういった自分の権力性に気づかないせいで、結果的に抑圧的な行動に出ていることはままあることだと思う。そして、気づきの過程がなければ、そのことにはずっと気がつかないままだ。そういった意味で、この経験は私にとって自己変革へと続く成長のための立ちどまりになり、植民地化と自分の立ち位置について深く省察するきっかけになった。

　批判的省察の過程には終わりがない。もうこれだけやったから終わり、ではなく、一生かけて、自分のわかっていなかった部分に気づき、よりよい公正な「バージョン」の自分になるために精進していくための過程である。例えば、私の場合、移住者で人種的マイノリティ、性的マイノリティであるという属性がある。そのことによって経験する抑圧と向き合うのは大事だが、それだけに立ち止まって自分の「被害者性」という立ち位置から動けなくなってしまうと、自分の特権や加害者性という立ち位置――植民者としての、大学教員としての、アジアでの元侵略者の日本人としての――に気づくことができなくなってしまう。ソーシャルワーカーとして共感性を持つ自分のなかに、傲慢で特権に鈍感な自分が共存していることを意識し続けることは、と

ても大事である。自分を恥じるような体験に正面から向き合えたとき、内省
的省察が可能となり、自己成長へとつながる。

C　抑圧と抵抗の歴史を学ぶ

　先に述べた筆者の例にも関係するが、カナダのAOPに深くかかわる例と
して、先住民侵略と文化の抹殺の歴史について言及しておきたい。なぜなら、
現在のAOPは、援助者であるはずのソーシャルワーカーが先住民抑圧の歴
史に加担していたという事実と、現在の当事者運動から学ぶことで、多くの
学びと成熟を得たからである。

（１）カナダでの先住民への侵略と文化の抹殺の歴史

　イギリスとフランスの植民地としてスタートし、後に独立したカナダの国
としての歴史は比較的浅いが、先住民の人たちは、1万年以上も前から現在
のカナダ領で生活していた。17世紀よりイギリスとフランスの入植者が入っ
てきてから、免疫のなかったインフルエンザ、麻疹、天然痘などの疫病や、
虐殺など植民地化の弊害により、先住民は15世紀頃の推定人口20万から
200万人のうち40－80％が死亡したとされる。現在の先住民（カナダの先住
民は、ファーストネーション、イヌイット、ヨーロッパ系とのミックスのメティを含み、
表記としては「先住民」または「アボリジナル・ピープル」が使用される）は、
2016年の人口統計で167万人（総人口の約4.9％）が先住民の背景を持ってい
ると自己申告したとされるが（Statistics Canada 2020）、正式に「先住民」のス
テータスを持っていない子孫もいるので、実際の先住民の人口はもっと高い
と言われている。
　詳細はここでは語りつくせないが、カナダでは1900年代初めから、再教
育の名のもとに、全寮制学校をはじめとして先住民の子どもたちを強制的に
親元から連れ去り、主流派の社会に同化させる政策を行っていた。子どもた
ちが収容された施設では、先住民の言語の名前や言葉の使用の禁止、身体的・

精神的・性的虐待が横行し、3000人以上の子どもの命が失われた。生き残った子どもたちのなかには家族やコミュニティとの絆を断絶され、アイデンティティを奪われ、カナダの白人を頂点とする主流社会から差別されることで壮絶な孤独を味わわされ、薬物やお酒、精神の病に苦しむ人生を余儀なくされた人も多い。そして今なお、多世代トラウマとしてその負の遺産が先住民コミュニティに暗い影を落としている。その一方で、先住民の、先住民による抵抗の歴史も、植民地の歴史同様に長いことを強調したい。そして、そういった抵抗の歴史と、自分たちの主権を守る運動によって、カナダの多くの人たちがこういった負の歴史を認識するようになった。

　じつは、ソーシャルワーカーはこの歴史のなかで、1960年代から1980年代にかけて政府の忠実な手足として先住民の子どもたちを親元から奪い去り、政府の再教育プログラムに参加させた罪を背負っている（Sinclair 2004）。この100年以上続いた白人同化教育を核とした寄宿舎学校をはじめとする先住民族とその文化に対する侵略と虐殺について、2008年に当時の首相が公式に謝罪した。それに伴い、この歴史について学び、二度とこのような悲劇を繰り返さないだけでなく、今も続く先住民族の方々の生理的・心理社会的なダメージと損害についてどのように国として償っていくかという点に向き合うことが、教育カリキュラムにも取り入れられている*5。福祉だけでなく、なんらかのかたちで他者の人生に介入する仕事に就く者として、読者のみな

＊5　カナダの先住民侵略と文化の抹殺の歴史についてより詳しく知りたければ、ぜひ以下のウェブサイトや章末の参考文献（Sinclair 2004; 田中 2009; Baskin 2016）を参照してほしい。
菅原万有、2019年1月4日、「カナダの先住民迫害の歴史と渦巻く少数派を排斥する非人道主義｜特集『カナダの"なぜ"に迫る』」TORJA、（2020年12月5日閲覧、https://torja.ca/native-canadian/）。
菅原万有、2020年4月8日、「先住民族ウェットスウェテン(Wet'suwet'en)支援の抗議が露呈するカナダの根深い先住民族差別｜特集『カナダの光と闇』」TORJA、（2020年12月5日閲覧 https://torja.ca/wetsuweten/）。

さんにはカナダの負の歴史に思いを馳せることで、日本語を使う私たち自らの立場を一考する機会としてもらえたら幸いだ。

（２）世界化した反黒人差別運動がソーシャルワークに与える影響

2020年5月25日、ミネソタ州ミネアポリスで黒人男性ジョージ・フロイド氏が無抵抗にもかかわらず、白人警官に首を圧迫された状態で9分近くにわたって拘束された末、亡くなった。その行為の一部始終、そして止めようとする周囲の人々の声と、命乞いをしながら「息ができない（I can't breath）」と繰り返し訴えるフロイド氏の姿が動画で拡散されたことをきっかけに、アメリカをはじめ全世界に黒人差別撤廃の抗議運動が広がった[6]（堂本かおる 2020; Takahashi 2020）。

このような事件は、特に米国では今に始まったことではなく、人種的マイノリティである非白人、特にアフリカ系アメリカ人・黒人への暴力や不当な逮捕は長きにわたって繰り返されてきた。米国では、2013年から2019年の間に7666人の市民が警察によって亡くなっており、そのうち黒人の占める割合は白人の2.5倍である――人口に占める黒人の割合は13％に過ぎないのに、だ[7]。

このような状況に対し、黒人コミュニティや非黒人の支援者は幾度となく

[6]　日本でも、東京と大阪で Black Lives Matter（BLM）に賛同する人たちによる平和的なデモ行進も行われて、2020年6月に行われた東京・渋谷区のデモでは約3500人の参加者らが行進したという（Takahashi 2020; 坪池 2020）。しかし、ＢＬＭが全国的に理解されているとは言い難い。ＮＨＫのニュース番組で、ＢＬＭを説明するに際し、黒人男性をステレオタイプ的に筋肉隆々としていて、粗野で怒っているように描いた一件があった後、抗議が殺到し、ＮＨＫは謝罪に追い込まれた（生田2020）。また、2020年7月上旬現在、新型コロナウイルスの急激な感染拡大が再び問題になっているアメリカに関して、トランプ大統領の政策や虚言にその原因を探るのでなく、ＢＬＭの抗議デモ参加のために感染拡大した、という偏った情報が、報道されているという指摘もある（Finlay 2020）。

抗議の声をあげてきたが、未だに警察官に法的処罰が下ることはまれである。日本でも報道されている Black Lives Matter（ＢＬＭ）は、2012 年に始まったが、フロイド氏の惨殺は、黒人（特に黒人男性）が日常的に経験する、警察からの暴力をアメリカ中、世界中に知らしめる契機となった。

　スマートフォンとソーシャルメディアの普及で、主流メディアに報じられないニュースが一瞬にして世界中に知れわたることは、ニュースの民主化とも考えられる。北米の数多くの大学、企業、団体が、今、反黒人差別・暴力を非難する声明を出している。ソーシャルワーク学部や、ソーシャルワークの団体も例外ではない。例えば、カナダ・ソーシャルワーク学校連盟（CASWE 2020）は、ソーシャルワーク学部での、反黒人人種差別を排斥すること、ソーシャルワーク学部における黒人学生の公正な選考、定着、課程終了・卒業を保証すること、黒人の職員、教員、実践者を支援する（支える）こと、また特に、人種に加えて、他の抑圧形態を同時に経験している黒人たち（例えば、トランスジェンダーの黒人女性、障害のあるひとり親の黒人）を支援すること、ソーシャルワーク学部でより多くの黒人教員を雇用するとともに、適切かつ組織的な定着と支援法を確立すること、黒人の学生、実践者、研究者や地域住民などに相談したうえで、反黒人差別に特化した、ソーシャルワークの教育課程や教育リソース（資源）をつくる・集めること、またそのための資源を保証すること、また、黒人コミュニティのリーダー、社会活動家（アクティビスト）、実践者、研究者の自主性・独立性を尊重すること、など多くの項目を盛り込んだ声明を、2020 年 6 月の会員総会で採択し、発表した。

　ここで大事なのは、ソーシャルワーク教育も差別に加担していた・している事実を認識することである。それなくしては、いくら解決策を示しても、机上の空論にしかすぎない。言うなれば、ＢＬＭは、負の歴史・現状を認識

＊ 7　2020 年 7 月号『TORJA』「黒人コミュニティーの正義と平等を求めた「Black Lives Matter」運動をあらためて考える（最終閲覧日、2020 年 12 月 5 日　https://torja.ca/issuu/index.html）。

し、教育全体を改革していくという使命を北米のソーシャルワーク教育に突きつけたと言っても過言ではない。実際に北米のソーシャルワーク教育がどう変わっていくか、どう変えていけるのかについては注視していきたい。

（3）抑圧・差別の歴史から学ぶ大切さ——日本の社会福祉教育では？

翻って、日本で社会福祉を学習・実践するなかで、こういった国家政策による負の歴史や、現在も社会で続く差別や抑圧を積極的に語り、その是正への方向性を議論する土壌があるだろうか？

例えば、もしあなたや、あなたの家族や知り合いが、「沖縄の人はどうしていつも（アメリカ軍の）基地移転に反対しているんだろう？」と思っていたとしたら、「カナダ社会は固定したイメージや風刺（カリカチュア）としての先住民族は好きだが、社会に挑戦するために彼らが声を挙げると途端に暴力的に沈黙を強いる」*8 というカナダの先住民ジャーナリストの言葉が、日本の状況にも適用されるかもしれない。

日本において、先住民族であるアイヌ民族や琉球民族が祖先から住んでいた土地への侵略・併合（つまり、植民地化）と、同化政策によって甚大な損害を受けたことは未だ続く構造的差別の歴史である。しかし、社会福祉を教えるなかでこういった歴史や、そのなかでの社会福祉の役割が研究・教育されることはほとんどない。

第二次世界大戦中、沖縄県が唯一アメリカ軍侵攻による地上戦を経験し、島民の4人に1人が死んだこと、戦後27年も（1972年まで）アメリカ軍の占領下に置かれたこと、また、今でも日本にあるアメリカ軍基地の8割が沖縄県にあることは、民族的日本人（和人）を頂点とする人種的ヒエラルキーに裏打ちされた日本国の植民地政策の思考が現在にも続いている証であると

---

*8　前述、菅原万有（2020年4月）の記事より。「先住民アニシュナベ族のジャーナリスト、タラ・ハウスカ氏は Aljazeera 誌にて述べてい」た言葉の翻訳。

検証されてきた（例えば、蟻塚 2014; 野村 2005; 乗松 2018）。

　「北海道の雄大な自然と開拓者の苦労」、「沖縄の青い海と白いサンゴ礁」「沖縄音楽で踊る明るい沖縄の人たち」などの朝ドラや観光に使われるイメージ。もちろん、観光客を呼び込んで経済を活性化させるのに、こういったイメージ・言説は地元の人にとって大事である。しかし、北海道や沖縄についてこういったイメージしかないとしたら問題だ。なぜなら、これらのイメージ・言説の濫用は、権力者（日本で人種的覇権を持つ日本人）に都合のよい歴史観を強調し、差別の歴史と現実を都合よく「なかったこと」「ないこと」にする・できるからだ。つまり、私たちが主流の言説以外の知識を得ようとしなければ、知らず知らずのうちに抑圧の構造に加担することになるのである。

　こういった例は、他の差別・抑圧の歴史とその負の遺産にも適用できる。例えば、長年優生保護法の対象となり、施設収容されていた知的障害者の歴史（本書第7章参照）。精神障害者の長期入院という名の下の隔離収容政策（本書第6章参照）。ハンセン氏病の元患者の方々は、隔離・差別政策のもと、戸籍からも抹消され、家族や地域、社会から長年「いなかった人たち」とされ、彼ら・彼女らの抑圧・差別経験は「なかったこと」とされていた。旧日本軍によって「慰安婦」という名の性奴隷にされた韓国、中国、フィリピンや他国籍の女性たちの経験も長年、なかったこととされてきた。旧満州でソ連軍侵攻後、慰安婦として日本人コミュニティから「差し出された」女性たちの経験もしかりである。壮絶な抑圧を受けた当事者が長年にわたって、逆風や中傷されるなかでも声をあげ、社会や国に訴えていく社会運動なしには、これらの国家レベルの抑圧の歴史は表に出てこなかっただろう。だからこそ、過去の当事者による社会運動から学び、現在の当事者による社会運動に目を向け、アライになっていくことは、ＡＯＰ実践にとって不可欠なのである。

　では、なぜソーシャルワーカーがこういった日本の負の歴史に目を向けなければならないのだろうか？　それは、「知らない」こと自体が抑圧の構造に加担している可能性があるからだ。まずは、抑圧の歴史を知ることから、

現在の私たちのソーシャルワークの現状を振り返り、変化への第一歩を探ることができる（例えば、精神障害者の例は第6章を、知的障害者の例は第7章を参照）。

D　アートの可能性

こういった変化を推進するのに、自分が空気のように吸っている「常識」、つまり、制度や組織内で当たり前だと考えられていることに気がつくのは難しい。そんなとき、理論的な左脳的考え方のみに頼っていては変革は訪れないかもしれない。社会的存在である私たちが自分自身に課している縛りや常識から脱却するためには、「遊び」やよい意味での「驚き」、予期しない「ハプニング」の要素が重要である（例えば、イトー 2012）。

　近年、ソーシャルワーク実践、教育、研究にアートを適応する例が増えている（Cohen Konrad 2019）。例えば、国際ソーシャルワーク学校連盟の業界紙である *Social Dialogue*（社会的対話）は、2018年の5月号で、ソーシャルワークとアート／芸術の特集を組んだ。ヨーロッパ、中央アジア、北米、アジアなど 様々な国の著者らが、アートセラピー、社会正義へのアートの適用、など多岐にわたりソーシャルワークとアート／芸術の関係について語っている（例えば、yoshihama 2018）。

　著者も音楽療法を20年以上前に実践していた経験があり、ここ15年ほどは、言葉に表すことが難しい、当事者の実践知や暗黙知を表現する手段として、コミュニティ・アートや演劇的手法などアート／芸術を使い研究をしている（Bleuer et al. 2018; Sakamoto et al. 2008; Sakamoto 2014; Sakamoto et al. 2015）。また、アートは、言葉では受け取りにくい考えや体験を端的に感覚的に表すこともできる。日々の実践に追われ、抑圧的な現実から脱却できないと感じているソーシャルワーカーが、アート／芸術を介して当事者の経験をもっと感覚的に受け止める機会が増えたら、現実の打開策、今まで考えもしなかったような方法が出てくる可能性もあるかもしれない。

　例えば、筆者は、移民の雇用差別についてアートを使って仲間と研究をし

た。移民の雇用差別は、カナダで50年前に非白人の移民が増加して以来蔓延っている社会問題である。しかしカナダ人は、アメリカ人より「ナイス」であるという国民性のため、人種差別はアメリカにはあるけれど、カナダではない、と思っている人も多い。現実には、アジア系や南米系、アフリカ系の移民が専門職に応募すると、まずは書類で振り落とされ、もし面接にこぎつけたとしても、雇用までたどり着けないことも多い。それは、雇用主がそういった外国から来た専門職者が、自分たちと異なる文化や慣習を持つことや、自分たちの知らない大学や会社名の並ぶ履歴書を見て、応募者の能力に不安を持つといった理由がある。これはあからさまな人種差別だが、学歴・職歴とも申し分ない専門職の移民の応募者を断る理由として、「カナダでの経験がないから」という言い訳をしているケースが多々見受けられたのだ。

　それでは、その「カナダでの経験（Canadian experience）」とは一体なんなのかを研究するにあたって、筆者は大きな壁にぶちあたった。雇用主、移民の就職を手助けする社会福祉機関のスタッフ、そしてすでに就職している移民まで、こぞって「カナダでの経験はじつは必要だ」と言うのだが、「じゃあ、それは一体何？」と聞くと、答えはバラバラで、「何かよくわからない」、と言う人たちも多かった。何がカナダでの経験なのかを突き止めるために、最初は面接調査をしていたのだが、言葉では言い表せないことが多い、と言うことがわかった。

　そこで、演劇療法（ドラマ・セラピー）や被抑圧者の演劇（Boal 1993）などの専門家（ジェシカ・ブルアー、現在はモントリオールのコンコーディア大学教員）に依頼し、演劇的要素を取り入れたフォーカス・グループを行った。参加者は移民や移民の手伝いをしているメンターの人たちだ。その結果、たくさんの暗黙知がインストレーション、ジェスチャー、演劇化するなかで出てきた。研究を続けていくうちに確信できたことは、要するに「カナダでの経験（Canadian experience）」とは、移民である就職希望者を信頼できるか否か、という、雇用主に都合のいいアセスメント・ツールであり、端的に言うと、差

別をする際の都合のいい言い訳に使われているということがわかった（Sakamoto et al. 2010; Sakamoto 2014）。

インタビューやアートを含むデータを分析し、まとめるにあたって、論文など学術的にまとめるだけでなく、アドボカシーや人々の意識を変えていくために研究結果を使うことが最初から研究の目的だった。そのため、発表を聞いたり、話し合う場をつくるフォーラムの場で、演劇を見てもらうことにした。そのフォーラムの参加者は移民の手助けをするソーシャルワーカー、中小企業の雇用主や、移民自身、政治家など、多様な人たちだ。その過程において、コミュニティの社会福祉機関や、アドボカシー団体などと一緒にコアリション（連盟）をつくり、活動することで、オンタリオ州人権委員会と協働し、「『カナダでの経験』バリアを撤去する（人権）政策」という、オンタリオ人権法の解釈をした政策をつくる手助けをするに至った（Wilson, Sakamoto & Chin 2017; Sakamoto 2014）。ＡＯＰのように、抑圧を撤廃する活動をしていても、なかなかそれが制度の変化につながることは難しい。私たちの研究が制度づくりに貢献できたのは、タイミングがよく、幸運なことだったと思っている。

E　学び合える仲間を育む

社会の抑圧と戦うことはひとりでは到底できない。同じ価値観・志を持つ友人・同僚と、モヤモヤしている気持ちや、やりきれない思いを分かち合い、どうしたら構造的抑圧に向かっていけるか、長期的視点で考え、議論することが重要だ。

また、社会的存在である私たちは、知らないうちに抑圧に加担していることが多々ある。そういうときは、必要があれば叱ってくれる関係性を築くことも不可欠だ。私たちは人種差別的考え方を無意識のうちに内在化しており、ＡＯＰの過程はそれを洗い出す作業でもある。また、構造的抑圧をなくす、という大きなゴールに対し、小さな一歩を歩めたことを仲間たちと認識し合

うのも大事である。

　筆者の場合、こういった「仲間」が学生や当事者のこともある。自分と違う立ち位置や、世代の人たちの感じ方、考え方を聞くことで、自分自身が変わることができる。それは、「恥ずかしい」という感情とも隣り合わせだ。自分が本当はもっと知っているはずの教員なのに、学生からそれは違う、と指摘を受けたら恥ずかしい。そういったエゴはある。けれど、立ち止まって変われないでいることのほうがもっと恥ずかしい、と自分で自分に言い聞かせることにしている。

F　自分の限界を知り、セルフケアをすることも自分の責務であることを知る

　もう一点大事なのは、バーンアウトしないように、自分の限界を知ること。必要なときは、あえてアクションに加わらない、または途中で抜けることも大事だ。自分に酸素マスクがないのに、大きな敵とは闘えない。今休むのは、自分の責務だと知ること。

　そうは言っても、自分の限界を知ることも、そこに境界線を引くことも、両方とも実践に移すのは結構難しい。社会福祉領域で働いたり活動したりしていると、長いスパンで取り組んでいること（例えば、福祉政策の改善）と、緊急性が高い仕事（例えば、生活に困窮している人の支援）がある。自分しかできないと思うことでも、じつは誰か他の人ができることなのかもしれない。

G　批判的省察の第二歩：構造的変化へつながる一歩を探ること

　批判的省察をして、自分の特権や抑圧された立場を探るのが重要なことは前述した。しかし、省察・考えるだけではフレイレの言う批判的省察にはならない。批判的に権力構造を分析し、構造的変化につながる活動にかかわっていくことが大事である。例えば、女性差別。現在でも蔓延する痴漢行為やレイプは、なかなか告発につながらないし、告発され、有罪になっても、量

刑は極めて軽い。

ＡＯＰで社会に変化をもたらす──女性差別と当事者支援運動を例に

　世界経済フォーラムは男女格差の大きさを毎年調査し、「世界ジェンダー・ギャップ指数」として発表している。2019 年の調査では、日本は 2018 年より順位を 11 位落とし、世界 153 カ国のうち、121 位だった。それは、アジアの近隣国と比べても特に低い（フィリピン 16 位、シンガポール 54 位、中国 106 位、韓国 108 位）。健康指数は 40 位と比較的高いのに、政治エンパワーメント（参加）指数は 153 カ国のうち 144 位ととりわけ低く、かろうじて、イランやイエメンよりは上位だが、下から数えたほうが早いという情けない結果となっている（World Economic Forum 2019）。

　施政者、財界、司法、報道、教育のトップに女性がほとんどいないという状況は、社会にどんな影響を及ぼすだろうか。一つには、女性の被害や抑圧された経験が深刻に取り扱われず、無視されたり、また、声をあげる人が現存の社会秩序を固守したい人たちから攻撃される。最近の例では、アメリカで始まり世界各国に広まった女性へのレイプ（性的暴行）やセクシュアル・ハラスメントを可視化した＃ MeToo 運動。日本では、女性だけに苦痛を強いるヒール靴を制服として強要することに反対する＃ KuToo 運動がある。これは石川優実さんというひとりの女性がＳＮＳ上でつぶやいたことから始まった運動で、数多くの女性の共感を得たが、同時に石川さんは執拗なバックラッシュの標的にもされてしまった（石川 2019）。これは性暴力の被害でも多い現象である。例えば日本のフェミニズム・女性運動は女工のストライキ、廃娼運動、女性参政権運動、ウーマンリブなどを経て＃ KuToo 運動や現代の運動につながっている（大橋 2020）。レイプの被害者の主張が信じられなかったり、また、実名が出た人がネット上で中傷される嘆かわしい状況

はまだ続いている*9。

　例えば、今から25年前、阪神淡路大震災の後、数多くの女性が、避難生活を続けるなかで性暴力を受けたが、支援者たちが声をあげたとき、それはデマだ、捏造だと言われ、中傷、誹謗を受けたという（正井 2020）。2011年東日本大震災直後、もうデマだ捏造だとは言わせないよう信憑性があるデータを集めるために、前述したミシガン大学社会福祉学大学院の吉浜美恵子教授ら、女性の人権運動にかかわる研究者や活動家たちが、被害の実態を聴き取り記録する地道な活動を続けた（東日本大震災女性支援ネットワーク 2015）。こうした活動は、2016年11月に朝日新聞の連載が災害時の女性への暴力をとりあげたり、ＮＨＫ総合テレビ「証言記録・東日本大震災」が、第90回めと遅まきながらも「埋もれた声25年の真実～災害時の性暴力～」（2020年3月1日放映）という特集番組を作成するなどの動きに結びついた。アクティビズムと調査研究が両輪となって、埋もれていた社会問題が可視化された一例である。25年という歳月は重い。それと同時に、四半世紀にわたる地道な学術的研究とアクティビズムなくして、災害時の性暴力という問題が表面化しなかったことは間違いない。

　上記のような女性差別や、他の差別・抑圧が蔓延している状況はどう変えていけるのか。今まで述べたなかで、またこれから本書で言及されるなかで、いくつかの可能性を挙げる。

1 当事者として声をあげる

　ソーシャルワーカーでも、雇用差別や非正規雇用、ジェンダー差別、外国人差別、障害者差別など、いろいろな抑圧を経験していることは多い。当事

---

*9 「【対談】伊藤詩織×石川優実　変えるために、次の世代のために、声をあげる」、石川優実責任編集、『エトセトラ　Vol. 4、特集：女性運動とバックラッシュ』52－55頁、エトセトラブックス。

者として他の当事者と一緒に声をあげることが一つの可能性として考えられる。しかし、もともと社会的に弱い立場の当事者が直接不利益を被らないように時期や状況を見計らうなど、（自分たちを守ることを）保証することも考慮に入れることは大前提である。

2 アライとして当事者と協働する

これには社会福祉支援のなかでの業務のやり方から、オンラインの署名活動に参加する、研究を協働で行う、など、状況やタイミング、問題の性質によって、広い範囲の活動が含まれる。上記の災害時の性暴力が表面化したのは、アライと当事者が一緒に闘ったからだろう。

3 メディアや専門団体への働きかけ

これは、1．2とも重なる。新聞への投書、専門団体への投稿などをはじめ、積極的にテレビやラジオなどのローカル局や新聞記者などに連絡を取るという方法もある。例えば、筆者がかかわった共同研究では、その結果に注目してもらうため、ホームレス関係のニュースを特に扱っている新聞記者に連絡を取り、その新聞社だけに私たちの情報を前もって流す代わりに、結果を発表する日に大きく新聞記事にしてくれるよう交渉した。その際、選挙や社会的事件など声を聞いてもらいやすい機会を窺うことも効果的だ。カナダと日本では状況が違うだろうが、ソーシャルワーカーのメーリングリストや、ニュースレター、セミナーでの発表など、適切な媒体なら大小を問わず、いろいろな場所で情報を発信して、抑圧状況を訴えていくことが考えられる。上記の例だとNHKのドキュメンタリーに取り上げてもらうことで、問題の周知が進んだ。

4 内側から闘う、外側から闘う、外側と協働して闘う、など戦略を立てる

組織内で働いていると、解雇が怖くてなかなか声をあげられないという状

況もあると思われる。そんなとき、外側にいる人たち（アライ）と協働して戦略を立てることも大事だ。また、複数の組織や職場の同僚と協働することも考えられる。また、制裁を避けるために、情報提供だけして、外側の人たちだけで目に見える活動をしてもらう、という可能性もある。

前述したミシガン大学の吉浜美恵子教授や共同研究者や活動家の方々は、日本のドメスティック・バイオレンスの研究を長期にわたって行い、国連による「外圧」をも使って、これまで見過ごされてきた社会問題を可視化し、草の根・NGO の対応のうねりをつくり出し、国や地方自治体の政策や対応を引き出した（Yoshihama 2002, 2009, 2018）。どうしたら一番効果的に変化をもたらすことができるか、知恵を出し合って模索することが不可欠だ。

5 「焦らず、腐らず」声をあげ続ける

第7章に出てくる長年障害者運動にかかわってきた活動家の言葉。社会変革はすぐには起こすことができない。焦らず、腐らず、ときには休んで、たとえ小さな声でも、声をあげ続けることが大事だ。

おわりに

本章の最後に、これからの課題を記しておきたい。新自由主義、管理主義において、ソーシャルワーカーの仕事は、費やした労力に対し成果をあげることに大きなプレッシャーがかかり、大きな視点を持つことが難しい。そんななかでＡＯＰソーシャルワークは可能なのだろうか？　求められている業務外の構造的変化に気を配ることも期待されてしまうとしたら、日々の仕事にすでに追われているソーシャルワーカーがバーンアウトしてしまう可能性もあるのではないか？　ＡＯＰの戦略的適用は可能だろうか？　構造のなかでする仕事と、ＡＯＰ的視点でする仕事を分けることは可能だろうか？　どうやったらＡＯＰに興味があるソーシャルワーカー、福祉従事者が横のつな

がりを築いていけるだろうか？

　これらの課題に簡単に答えは出せないが、本書の各章を通じて読者のみなさんと一緒に考えていきたい。

参考文献

Allan, B. & Sakamoto, I. 2014, "Helpers, not helpless: Honouring the strength, wisdom and vision of Aboriginal women experiencing homelessness or marginal housing," M. Guergis-Younger, R. McNeil & S. Hwang. Eds., *Homelessness and Health in Canada*, Ottawa: University of Ottawa Press, 57-85.

蟻塚亮二、2014、『沖縄戦と心の傷──トラウマ診療の現場から』大月書店。

Bains, D. [2007]2017, *Doing Anti-oppressive practice: Social justice social work*, 3rd ed, Halifax & Winnipeg: Fernwood.

Bishop, A. 2002, Becoming an ally, Halifax: Fernwood Press.

Baskin, C. [2011]2016, *Strong helpers' teachings: The value of Indigenous knoweldges in the helping professions*, 2nd ed. Toronto: Canadian Scholars' Press.

Bleuer, J., Chin, M. & Sakamoto, I. 2018, "Why theatre-based research works? Psychological theories from behind the curtain", *Qualitative Research in Psychology: Creative Representations in Research,15(2-3)*, 395-411.

Boal, A. 1993, Theater of the Oppressed. Theatre Communications Group.

Canadian Association for Social Work Education (CASWE), 2014, "Standards for Accreditation". (Retrieved December 05, 2020, https://caswe-acfts.ca/wp-content/uploads/2013/03/CASWE-ACFTS.Standards-11-2014-1.pdf)

Canadian Association for Social Work Education (CASWE),2020,06, "Addressing anti-Black racism in social work" (Retrieved December 05, https://caswe-acfts.ca/addressing-anti-black-racism-in-social-work/)

Coates, J., Grey, M. & Yellowbird, M. (Eds.), 2008, Indigenous social work around the world: Towards culturally relevant education and practice, Ashgate press.

Cohen Konrad, S., 2019, "Art in Social Work: Equivocation, Evidence, and Ethical Quandaries", *Research on Social Work Practice*, 29(6): 693-697.

Dominelli, L. 2002, *Anti-oppressive social work theory and practice*, Houndmills, Hampshire, UK: Palgrave Macmillan.

堂本かおる、2020 年 6 月 12 日、「【特集 Black Lives Matter Vol.1】BLM とは何か｜その背景とアメリカの 400 年にわたる制度的人種差別の歴史」、fnmnl（最終閲覧日 2020 年 12 月 5 日 https://fnmnl.tv/2020/06/12/99155）。

Finlay, M.,2020/07/03, "Japanese news media biased against BLM", The Japan Times (Retrieved December 05, https://www.japantimes.co.jp/opinion/2020/07/03/reader-mail/japanese-news-media-biased-blm/).

東日本大震災女性支援ネットワーク、2015、『東日本大震災「災害・復興時における女性と子どもへの暴力」に関する調査報告書（2015 年 1 月改定ウェブ版）』、（最終閲覧日 2021 年 2 月 14 日 http://risetogetherjp.org/wordpress/wp-content/uploads/2015/12/bouryokuchosa4.pdf）。

石川優実、2019、『#KuToo ——靴から考える本気のフェミニズム』現代書館。

市川ヴィヴェカ・上田征三、2019、「保育者・教育者養成における自己覚知から始まる多様性理解と受容——"カナダにおける多様性と社会公平性ワークショップ"を通した学生の学び」『未来の保育と教育』、東京未来大学実習サポートセンター紀要、6 巻 131-137 頁。

イトー・ターリ著、レベッカ・ジェニスン訳、2012、『ムーヴ　あるパフォーマンスアーティストの場合』、インパクト出版会。

生田綾、2020 年 6 月 11 日、「黒人を描いたＮＨＫのアニメ動画はなぜ差別的で、「許されない」表現なのか」、ハフポスト日本版（最終閲覧日　2020 年 12 月 5 日 https://www.huffingtonpost.jp/entry/story_jp_5ee0a01bc5b6faafc92b76de）。

正井禮子、2020、「被災地の性暴力をなかったことにしない」石川優実責任編集、『エトセトラ　Vol. 4、特集：女性運動とバックラッシュ』エトセトラブックス、37-41 頁。

二木泉、2017、「ソーシャルワークにおける反抑圧主義（ＡＯＰ）の一端—カナダ・オンタリオ州の福祉組織の求人内容と組織理念を手がかりとして——」『社会福祉学』58 巻 1 号、153-163 頁。

Massaquoi, N. 2017, Crossing Boundaries: Radicalizing Social Work Practice and Education. D. Bains Ed., *Doing anti-oppressive practice: Social justice social work*, 3rd ed, Halifax & Winnipeg: Fernwood: 212-232.

野村浩也、2005、『無意識の植民地主義　日本人の米軍基地と沖縄人』御茶の水書房。

乗松聡子、2018、「自らの植民地主義に向き合うこと—カナダから、沖縄へ」木村朗・前田朗編『ヘイト・クライムと植民地主義——反差別と自己決定権のために』

三一書房、94-112 頁。

大橋由香子、2002、「声をあげ立ち上がった女たちの年表」石川優美責任編集『エト
　セトラ Vol.4, と特集　女性運動とバックラッシュ』エトセトラブックス、8-11 頁。

Pitner, R. O. and Sakamoto, I. 2016, "Cultural Competence and Critical Consciousness in
　Social Work Pedagogy", *Encyclopedia of Social Work*, Oxford University Press, 1-24.

坂本いづみ、2010、「多文化社会カナダのソーシャルワークとグローバリゼーション
　の影響」『ソーシャルワーク研究』36 巻 3 号、198-204 頁、相川書房。

Sakamoto, I., Khandor, E., Chapra, A., Hendrickson, T., Maher, J., Roche, B., & Chin, M.
　2008, Homelessness –Diverse experiences, common issues, shared solutions: The
　need for inclusion and accountability. Toronto: Factor-Inwentash Faculty of Social
　Work, University of Toronto. Available at: https://www.wellesleyinstitute.com/
　publications/homelessness-–-solutions-from-lived-experiences-through-arts-
　informed-research/

Sakamoto, I., Chin, M. & Young, M. 2010, "'Canadian Experience,' employment
　challenges, and skilled immigrants: A close look through 'tacit knowledge.'"
　Canadian Social Work Journal, 10(1), 145-151.

Sakamoto, I. 2014, "The use of arts in promoting social justice", Michael Reisch Ed.,
　International Handbook of Social Justice, New York: Routledge, 463-479.

Sakamoto, I., Chin, M., Wood, N., & Ricciardi, J. 2015, "The use of staged photography in
　participatory action research with homeless women: Reflections on methodology
　and collaboration" D. Conrad & A. Sinner Eds., *Creating together: Participatory,
　community-based and collaborative arts practices and scholarship across Canada*,
　Waterloo, ON, Canada: Wilfrid Laurier University Press.

Sinclair, R. 2004, "Aboriginal Social Work Education in Canada: Decolonizing Pedagogy
　for the Seventh Generation", *First Peoples Child & Family Review*, 1(1), 49-62.
　Retrieved from https://fpcfr.com/index.php/FPCFR/article/view/10

Smith, L. T. 2012, *Decolonizing Methodologies: Research and Indigenous Peoples*, 2nd ed
　Zed Books.

Statistics Canada, 2020, Statistics on Indigenous Peoples(Retrieved December 05,
　https://www.statcan.gc.ca/eng/subjects-start/indigenous_peoples).

田川佳代子、2012、「ソーシャルワーク再考──クリティカル理論、ポストモダニズム、
　ポスト構造主義」『社会福祉研究』14 巻 1-10 頁。

田中裕介 、2009、「先住民と日系カナダ人」｜学部共同研究会報告。『立命館産業社会論集』第 45 巻 第 2 号、pp. 85-103（2020 年 12 月 24 日 閲 覧、http://www.ritsumei.ac.jp/ss/sansharonshu/assets/file/2009/45-2_05-01.pdf）

Takahashi, R. & Johnston, E. 2020/06/07, "Protesters hit Tokyo and Osaka streets with rallies against racism and police brutality", The Japan Times (Retrieved December 05, https://www.japantimes.co.jp/news/2020/06/07/national/protests-rallies-race-police-brutality-tokyo-japan/).

竹端寛、2018、『当たり前をひっくり返す――バザーリア・ニィリエ・フレイレが奏でた「革命」』現代書館。

坪池順、2020 年 6 月 17 日、「私たちが日本で Black Lives Matter を訴える理由。東京で 3500 人がデモ行進」ハフポスト日本版（最終閲覧日　12 月 5 日 https://www.huffingtonpost.jp/entry/story_jp_5ee595d1c5b6f20b4d0e8d5b）。

Wilson, R., Sakamoto, I. & Chin, M. 2017, "The labour market and immigration", M. C. Yan & U. Anucha Eds., *Working with immigrants and refugees: A handbook for social work and human services*, Canada: Oxford University Press, 111-132.

Wong, Y. R. 2004, "Knowing through discomfort: A mindfulness-based critical social work pedagogy", *Critical Social Work*, 5(1).

World Economic Forum. 2019, World Economic Report 2020(Retrieved December 05,http://www3.weforum.org/docs/WEF_GGGR_2020.pdf).

Yoshihama, M. 2002, "The definitional process of domestic violence in Japan: Generating official response through action-oriented research and international advocacy", Violence Against Women, 7(3), 339-366.

Yoshihama, M. 2009, One unit of the past: Action research project on domestic violence in Japan. In J. Sudbury & M. Okazawa-Rey (Eds.), The challenge of activist scholarship: Antiracist feminism and social change (pp. 75-94). Boulder, CO: Paradigm Publishers.

Yoshihama, M. 2018, "PhotoVoice: Arts-based participatory research and action to inform gender-sensitive disaster policies and responses in Japan," Social Dialogue, 19, 26-28.

コラム2　ドナ・ベインズによるＡＯＰの 10 のテーマ

　ＡＯＰの文献のなかでも、ソーシャルワーク教育の教科書として広く使われているドナ・ベインズの "Doing Anti-oppressive practice: Social justice social work"（＝『反抑圧的ソーシャルワークを実践すること：社会正義のソーシャルワーク（第三版）』、2017）のなかから、「ＡＯＰソーシャルワークの 10 のテーマ」を紹介したい。社会正義に根差したソーシャルワーク等を専門とし、抑圧と闘うＡＯＰの可能性を理論と実践の両輪で世界に示してきた研究者、そして教育者であるドナ・ベインズが提唱するテーマだ。10 のテーマは、すべての社会問題に対する答えとなる絶対の解決策ではないが、今の社会のあり方に疑問を投げかける姿勢を私たちに教えてくれる。

1．社会の抑圧は、大小にかかわらず、結局は人によってつくられたものであるのだから、人によって変えることができるのを忘れてはいけない。
2．私たちの世界の見え方は様々な関係性によってかたちづくられる。私たちのアイデンティティとそれに対する抑圧が影響しあって、個人の生きる現実の文脈と力関係をつくりだす。（児島 2018; Sakamoto & Pitner 2005）
3．「日常の中の政治活動（小文字の p の politics）」というように社会で起こるすべてのことは政治的、という考え方に基づいて、完全な中立は存在せず、社会のなかでの立ち位置が、常に個人の生活に影響しているという批判的視点を持つこと。
4．ソーシャルワークはサービスとケアを提供するだけではなく、政治的な役割を含む専門職であり、社会的な活動を避けては通れない。社会の不平等が加速度的に深刻化するなか、クライエントのニーズに応えるためのソーシャルワーク実践は、この世界は「誰」にとって生きやすい場か、権力と資源を持ち、そして自分自身と将来に対してポジティブな姿勢を持っていられるのは「誰」なのか、という問いに立ち返っていくのだ。

5. 当事者の自己変革の道を共に模索すると同時に、不平等と抑圧を維持することによって利権を得ている社会の仕組みを変革することに挑戦し続ける。

6. ソーシャルワーカーは、他専門職そして社会の多様なグループと協働して、ソーシャルワークの価値と規範を実社会で実現する最善の道を切り開いていかなければならない。

7. 社会的抑圧を利用者との関係で無自覚に再生産しないために、そして永続的な変化を社会に生み出すために、ソーシャルワーカーには自己と社会に対する批判的な視点が不可欠だ。

8. ソーシャルワークを必要とする人々は犠牲者ではなく、レジリエンスや実体験に基づく知を持っている。当事者の声は社会づくりの指針の一部となるべきであり、社会変革のために必要不可欠なものである。

9. 自己や現存の社会構造に対する批判的分析は、ＡＯＰの本質的な構成要素である。社会問題の構築への自身の関わりに対する省察、現場での苛立ちや落胆などは、理論と実践の精度を高める貴重な実践知である。

10. 抑圧に対する完璧な解決策を探すより、多様な批判的アプローチの強みを柔軟に活用することがソーシャルワーク実践に最大の可能性を与えてくれるだろう。

ＡＯＰの可能性

3 「私」から始めるＡＯＰ

──ケアを中心とした社会をつくるために

二木　泉

はじめに──誰がＡＯＰについて語ることができるのか

　私は日本の大学院を卒業した後、介護労働について研究しつつ、自分自身も介護福祉士の資格を取得し、現場経験を積んだ。その後、カナダに渡り、大学院でソーシャルワークを学び（修士）、現在は老人ホームでレクリエーションを提供する仕事に就いている。

　カナダで Anti-oppressive practice（ＡＯＰ）という考え方を知って、日本の福祉の現場に必要な視点であると直感し学会誌に論文を投稿したことはあるものの（二木 2017）、本書の執筆を打診されたとき、少し戸惑ってしまった。自分がＡＯＰを実践しているかというと、必ずしもそうとは言えないと感じていたからだ。ＡＯＰの重要性を語っておきながら、自分では実践できていないように感じていた部分があったのだ。

　しかし、執筆過程で共著者との対話を重ねるなかで、ＡＯＰをより大きな枠、例えば対人援助職としての姿勢、もっと言えば、「人としてのあり方」として捉えることができるのではないかということに思い至った。

　本書の第１章で示された「新しいＡＯＰの提案」（022 頁）には、ＡＯＰの姿勢として、当事者から学ぶ、自分の直感を信じて行動する、当たり前とされていることに疑問を持つ、などが挙げられている。このような内容は、私

も意識して日々行っていることである。そうであるならば、私もＡＯＰについて書けるかもしれない。さらに振り返ってみると、日本で介護の現場で働いたり、子育てなどケアを実践するなかで感じていたモヤモヤや生きづらさが、カナダで少しずつ変わっていったことは、ＡＯＰの理念を知り、実践を見てきたことと無関係ではないように思う。

　そこで、本項では私が日本で抱えていた生きづらさの正体と、カナダでの実践について、ＡＯＰの視点から再考してみたいと思う。ごく私的なことをここで勇気を出して書くことで「個人的なことは政治的なこと（Personal is political）」を実践してみたい。

ケアすることで初めて気づいた生きづらさ

　私がカナダに来たのは、日本で介護福祉士として現場で働くなかで違和感や焦燥感を抱え、福祉・ソーシャルワークについて基礎から学ぶことの必要性を感じたからだ。カナダで学ぶことで、将来、日本の福祉、特に高齢者福祉をよりよいものとしたいという動機であった。

　じつは、これはカナダに来た動機の半分である。もう半分は、漠然と日本を離れたいという思いが募っていたからだ。日本での私は仕事、家庭、子育てなど様々なことから生きづらさを抱えていた。具体的に何が辛いのか自覚はなく、漠然としんどいと感じていた。

1　なぜ毎日お酒を飲むのか？

　日本にいた頃、ほぼ毎日お酒を飲んでいた。「今日は暑いから」と言いながらビールや缶チューハイを開け、私は「お酒が好きだ」と思っていた。近所の友人（いわゆるママ友）と夫の愚痴を言いながら家飲みをしたり、ドラマを見ながらひとりで飲んだりもしていた。二日酔いで後悔することもよくあったが、社会人も学生も飲み会三昧で、路上で酩酊するほど飲んでいる人

もいるのだから、普通のことだと思っていた。

　しかしカナダに来た後、友人にそんな話をしたところ「毎日飲まずにいられないのは、アディクション（依存症）の一種だよ」と言われてしまった。「そんなことないよ。日本ではみんな飲んでるよ。私は好きで飲んでるんだよ」と即座に否定したが、友人は笑って「アディクション治療の第一歩は、自分が依存状態にあることを認めることだよ」と言った。

　私も一緒に笑っていたが、内心では衝撃を受けていた。私がアディクション？　私は本当に好きで飲んでいたのか？　ではなぜ飲んでいたのか？　もしかしたら飲まずにはいられない何かがあったのではないか？　などとグルグルと考えていた。

　確かに現在はほとんどお酒を飲んでいないし、それで問題なく過ごせている。なぜ日本で飲酒をしていたのかを改めて考えてみると、それはストレスや社会に対する漠然とした怒りを抱えていたことと無関係ではないだろう。

2　初めて考えた「はたらくこと」の内容と意味

　今考えると、私はストレス発散のためだけではなく、怒りやその裏にある悲しみや傷つきを一時的に忘れるためにお酒を飲んでいたように思う。では一体、何に怒っていたのだろうか。

　一つは、子どもが生まれてから直面した生きづらさだ。思えば子どもを持つまでは、女であることによるデメリットや差別などはほとんど感じたことがなかった。大学までは同級生の男の子と比べても成績がよいことが多かったし、民間企業への就職後も明らかな差別にあうことはなかった。日本社会全体に差別構造があるという知識はあっても、それを自分自身の問題として実感することがほとんどなかった。

　しかし、子どもが生まれると、シビアな現実に直面することとなった。正確に言うと、育児はとても楽しかった。赤ん坊は日々変化すると知り、ひとりの人間を育てることはこんなにも時間と労力を費やすことが必要なのかと

初めて気づき、世界中のケアする人たちを尊敬した。子育てを通じて初めて「生きること」や「ケアをすること」、そして「はたらくこと」の意味を考えることができた。これまで会社でやってきた「賃労働」以外の、育児・介護などの「無償労働」が社会にとって重要な「仕事」であることがやっと体感できた。

　1年間の育児休暇取得後、子どもは保育園に入ったが[*1]、その後の生活は想像以上に大変だった。仕事と家事育児の両立で、朝から寝かしつけまで分刻みで行動するのが当たり前で、いつも時間に追われて疲れていた。それだけではない。ふたり目が生まれる頃には、会社を辞めて学生になっていたため、保育園入所のためのポイント[*2]が低いことで上の子と同じ保育園に入れなかった。2カ所の保育園に、お迎え時間ギリギリでダッシュで滑り込む。台風が来たときなどは地獄だ。子どもにカッパを着せて、自分もカッパを着て、下の子はおんぶする。嵐のときでさえ、自転車の前と後ろに子どもを乗せていた。子育てが面白かったはずなのに、会社にいる時間のほうが育児をしている時間よりずっと楽に感じるようになっていた。

3　ケアに携わる人々はなぜ肩身が狭いのか

　子育て中に身に沁みたのは、育児中の人は肩身の狭い思いをすることが多いということだ。子どもが体調を崩したときや保育園の面談、行事の際には、会社の上司や同僚に謝り、休みをもらって調整する。お迎えに遅れそうになり、保育園の先生方に謝る。通院のため満員電車に子連れで乗れば、周りに嫌な顔をされる（サラリーマンに舌打ちされたときのことは今でも忘れていない）。会社では「子どもが熱を出してお休みしてすみません」、電車やバスでは「混

*1　当時は育休が最大1年だったので早生まれの娘は認可園に入れず、保育料の高い認可外保育園に通った。
*2　自治体の条件によって得点がつき、合計点が高い人から優先的に保育園に入所できる仕組み。

んでいるところ子連れですみません」、街では「子どもが騒いですみません」、保育園では「お迎えにギリギリになってすみません」、マンションでは階下の人に「いつもうるさくてすみません」などと謝りながら「ほら、ちゃんとしなさい！」と、周囲に「ちゃんとやってます」とアピールする癖がついてしまっていた。子どもを持つって周りに謝ることなんだ、と感じて、どんどん自尊心が下がっていった。今考えると、こんな状況でケアされている子どもや高齢者は、なおさら肩身が狭いだろう。

　育児を一緒にしていくパートナーだと思っていた夫の帰りは、結婚前と変わらず遅かった。どうやら世間では夫は上手に褒めながら「育てて」いくか、夫の協力は「早くあきらめたほうが楽になる」らしかった。こんな状況は変だと思ったが、周りの人に話すと、大抵「真面目だね」「若いね」「力抜いて」「よく夫婦で話し合って」などと言われた。周りの人たちが疑問や不満を持たずに子育てと仕事を両立したりしているように見えて、私に問題があるのかな？　努力や工夫が足りないのかな？　などと考え、カウンセリングやグループワークなど様々なものを試してみたが、うまくいかなかった（後々、聞いてみると子育て中の夫婦には問題や不満を抱えている人が多いことがわかった）。

　このときはまだ、生きづらさは自分だけに特有のもので、これが社会的抑圧の現れであるとは認識していなかった。私のなかに「仕事を続けているのは自分の意思」「子育ては親の責任」などの自己責任化する価値観が深く沁み込んでいたからである。このような私生活のケアで感じる困難さに加えて、介護の仕事の面でも疲弊していた。

労働としてのケアによるしんどさ

　民間企業を経て大学院に進学した私は、調査の過程で介護の仕事に魅力を感じ、自分も挑戦してみたいと、通所介護事業所で働き始めた。パートとして週に２、３回、自分の勉強のつもりで勤めたが、そのうち介護の世界に魅

了されてしまい、結果的に5年間働き、その間に介護福祉士の資格も取得した。介護の仕事のほかに大学の助手や、専門学校での非常勤講師、非営利団体の事務局などを掛け持ちしていた。

　仕事の内容は充実していたが、現実は修士号まで取得したのに時給の安いパートの掛け持ちで低収入だった。介護事業所から正社員に、と誘ってもらったこともあったが、介護の現場だけでなく、研究や教育にも携わりたいという思いから断った。今考えてみると、介護以外の仕事をしていたからこそ、介護の仕事を続けていくことができたのだろう。というのは、介護の現場で様々な問題を目撃していたからである。

1　「ケア」は好きだが、介護の仕事で疲弊してしまう構造とは？

　介護の仕事で痛烈に感じたことは「利用者さんやその介護は大好きだが、介護労働の現場は問題がありすぎる」ということだ。

　一つは介護の仕事の特殊性だ。介護の職務内容は概ね決められているが、かなりの部分で個別対応が必要とされる。特に認知症介護においては、マニュアルをつくるのが難しい。たとえマニュアルがあっても、多くの部分が個別対応となるし、日々の心身の状況、そのときの環境など、その他の要素が大きく影響する。それが認知症介護の面白さであり、やりがいであると思う。

　認知症介護においては、高齢者の一人ひとりの歴史や生活の情報を知り、それぞれが生きている世界観に合わせていくことが必要とされる。介護職員の対応によって、利用者さんが落ち着いてその人らしく生活ができたり、少しでも楽しい時間を過ごせている様子を見ると嬉しく、やりがいも感じる。

　私は介護の仕事をするなかで、認知症のある利用者さんの人間らしい反応（それが否定的なものであっても）に面白みを感じる。介護においては、個人的な生活史などの情報だけではなく、信頼関係の構築、円滑な介入を可能にするための詳細な観察や、気づき、コミュニケーションの技術が必要である（二木 2010a）。しかし、これらのスキルは、現在の一般社会において正当に評価

されていないように思う。介護の仕事の給与が安すぎることは、それを示している。

　介護労働の問題の二つ目は、労働条件と労働環境が厳しいことだ。介護が大変な仕事である割に低賃金なことと関連して、慢性的な人手不足もある。私が勤務していた法人も例外ではなく、正社員であってもボーナスはないに等しく、新しい人が入っても辞めてしまうことが多かった。訪問介護も経験したが、想像以上に大変な仕事だった。夏は猛暑のなか、雨の日は合羽を着て、自転車で次々と高齢者の家を移動する。訪問は短時間で、利用者さんとゆっくり言葉を交わす時間もないことが多かった。しかも移動時間や、キャンセルには賃金の保障がなかった。

　さらに介護の現場で難しいと思ったのは、スタッフの個性を尊重したり、人を育てていく仕組みがなかったことだ。むしろ年齢、性別、資格、職種など様々な切り口で介護職が分断され、対立させられている現実がある（二木2010b）。「誰がやったの?!」と犯人探しをする上司や、「こんなこと常識でしょう？　本当に資格持ってるの?!」とヒステリックに怒る人など、パワハラと言ってもいいような高圧的な態度を取る人もいた。そのため上司の顔色やその場の空気を読まなければならないような雰囲気があった。組織の理念には「優しさ」「おもいやり」などの語感のよい言葉が使われがちだが、それが具体的にどんな介護であるのかを教えてくれる人はいなかった。介護業界において、これらの経験は私だけではないと思う。私は子育てや介護など「ケア」が好きなのに、それによって疲弊をしていった。

ＡＯＰとしての介護実践

　カナダに来て感じるのは「傷つきから回復してきた」ということだ。具体的に何か特別なことがあったというわけではなく、多民族都市と言われるトロントで生活し、多様な価値観を持つ人々と仕事をすることで、自分のこれ

までの常識が当たり前ではないことに気づかされてきた。またＡＯＰを目の当たりにすることによって勇気づけられてきたように思う。

大学院でＡＯＰの考え方を知った当初は、「社会の抑圧構造を認識し、その構造を問い直すソーシャルワーク実践って格好いい！」という印象を受けていたが、具体的な方法や実際の活動がどのようなものかは、よくわかっていなかった。その後、非営利団体のスタッフ、ソーシャルワーカー、アクティビストなどが、ＡＯＰの重要性を語るのに出会うことで「一見、普通のソーシャルワーク」が、ＡＯＰの考え方に裏づけられているのだということがわかってきた。

以下では、私がカナダ・オンタリオ州で高齢者入所施設のレクリエーション専門スタッフとして、当事者の文化的・歴史的背景を積極的に学び、それを中心においた「普通の生活」を支える実践を、ＡＯＰの一例として捉え、紹介したい。さらに、安定した環境で働くことが、介護労働者として自分にどのような影響をもたらしたのかについても、改めて考察してみたい。

1 多様な当事者から学ぶ

私は高齢者入所施設でレクリエーション担当として働いている。カナダの老人ホームの多くは、介護スタッフとは別に、レクリエーション（レク）を実施する専門スタッフがいて[*3]、私の施設では入所者50人に対し、レク担当スタッフが1人から1.5人配置されている。私が勤務するのは、中国系移民のための老人ホームで、その一部が日系人・日本人ユニット（25人）になっている。私はレク担当と言っても、施設内で唯一の日本人スタッフとして看護師やソーシャルワーカーと入居者の間に入って通訳をしたり、掲示資料を訳したりと、依頼に応じて様々なことを行っている。日本人ユニットでは、日々のアクティビティやフロアの装飾、食事などに日本文化を取り入れるだけでなく、ボランティアや日系の団体と協力して年に数回外部のイベントに参加したりもする。

入居者に多様性があるため、毎日行われる様々なアクティビティには工夫を凝らしている。というのは、入居者はカナダで生まれ育った日系二世（まれに三世も）と、戦後移住者とが混在しているのだ。日系二世のなかには全く日本語を話せない人もいるため、英語と日本語を使用する。レクの内容も、日本で行うアクティビティがそのままでは使えないことが多い。例えば地名や漢字を使ったクイズや脳トレなどは、そもそも漢字が読めず、日本のことをあまり知らないので実施できない。一方、戦後に日本から移民した人は、俳句を読んだり、歴史物の小説を好んだりなど、私の知らない知識を知っている人も多いため、日々、レジデントとの関係性を構築していきながら、どのようなアクティビティやイベントを実施したらいいのか、探っている＊4。特に二世の方は、やはり昔の話、生まれ育ったブリティッシュコロンビア州や、バンクーバーの日本人街のこと、子どもの頃の話で大いに盛り上がる。第二次世界大戦の前後のことはよく話題にのぼり、真珠湾攻撃の日を境に情勢が変わったこと、その後収容所に移動させられたこと、戦後トロントを含む東部に強制的に分散させられた後にも差別があったこと、戦後長い間カナダ政府に謝罪を求める運動をしていたことなど、これまで知らなかったこと

＊3　レク担当スタッフは専門職とみなされている（専門学校程度以上の教育を受けた者）。レク担当は入居者の心身の健康増進のために、日々のアクティビティ（体操、ゲーム、アート、カラオケ、ガーデニングなど多岐にわたる）、一対一の対応、月1回の外出、施設全体のイベントの実施など様々なプログラムを担当する。私の勤める施設ではＶＲ（バーチャルリアリティ）システムを活用したり、文化的背景を鑑みて飲茶の会、太極拳、アジア系のお菓子販売、旧正月の祝い会、仏教礼拝なども行っている。
＊4　様々な文化や歴史が混ざり合うなかでは「本当の日本食や日本文化とは何か？」という疑問が湧き上がる。突き詰めて言えば「このフロアに入ることのできる『日系人』や『日本人』とは誰か？」という問いが出てくる。日本語を話す人？　日本文化に馴染みがある人？　日本人を祖先に持つ人？　日本で生活していた日本文化に馴染みがある日本語を話す「外国人」はどうなるだろうか。

をたくさん学ばせてもらっている。

　当事者をエキスパートとして捉え、みなさんから学ぶ経験をしたことで、私が「支援する側」として頑張らなくてはいけないという思い込みを捨てることができ、レクの仕事をするうえで少し気持ちが楽になった。なお「当事者から学ぶ姿勢を持つ」というのがAOPの重要な要素であるというのは、じつはこの本の執筆過程で気づかされたことでもある。

2　「普通の生活」を支えるためのAOP

　カナダで日本の文化を実践するのは、じつは簡単ではない。例えば食事だ。普段の食事は日本食か中華か選べるようになっているのだが*5、オンタリオ州では「施設の質を保つ」という目的のため、管轄の省が決めた様々なルールがあり、その一つに食事の提供のルールがある。スープなどの汁物はメインの料理の前に出さなければならない、というものがあるのだが、これは西洋でよくある食事の順番で、入所施設でも「ケアの質を保つ」ために、この順番を守らなければならないとされている。しかしこのルールは日本や中国など、ご飯やおかずと汁物を同時に食卓に出す文化には合わない。私の施設では、食事の際にすべての品を同じタイミングで出すために、文化的背景を説明し、省に特別な許可をもらっている*6。小さなことだが、これも声をあげて制度を変える実践の一つである。

　私は日々のレクリエーションに悩みながらも、上司や同僚と交渉したり、予算とにらめっこしたり、日本人ボランティアや関連団体、教会などと協力しながら入所者の日常生活を支えている。入居者50人に対しスタッフが1.5

＊5　本施設が開所した約15年前、食事担当の調理師が日本食レストランの料理人を招いて学んだという。定期的に開かれる入居者委員会では、フロアから数人ずつ入居者代表が集まり、様々な施設の改善点などを話し合うが、食事への意見や希望が出ることも多く、食事部が随時メニューを改良していっている。

人という制約があるが、入居者の文化的背景、使用言語、興味・関心、信仰、そして心身の状態に合わせてなるべく個別に対応することで、入居者それぞれの「普通の生活」を支えていきたいと考えている。

3　入所施設でＡＯＰは可能か

　様々な工夫をしながらレクを提供しているものの、これまでＡＯＰを実践しているという自覚はなかった。というのは、そもそも入所施設はＡＯＰができる場ではないと思っていた。日本でもよく言われるように、高齢者は自宅で暮らし続けることがベストであると考えていたからである。

　もちろん可能であればそれが一番いいのかもしれないが、現実的に考えると、カナダでは冬は雪かきをしないと外に出られない、買い物や移動に車が不可欠、古い家が多いので暖房の不具合や水漏れ、停電も起こる可能性がある住環境、2世帯同居が一般的ではないという事情があり、高齢者が在宅での生活を続けることができたとしてもかなり行動範囲が限られてしまうだろう。

　一方、高齢者向け住宅や入所施設に移り住み、家具、テレビなどの家電、家族の写真や絵画など、自分のお気に入りのものを持ち込んで、住み心地のよい空間にしている人も多い。私の施設では、知り合いの日系人に再会したりすることもあり、日本語のテレビを見たり、何よりお米を含めて日本食が

＊6　トロント市直営の10カ所の老人ホームだけでも入居者の出身国は70カ国あまり。59カ国語を話し、43種類もの宗教・信仰があるという。私の勤務する中華系以外にもユダヤ系、ギリシャ系、韓国系など多種多様な老人ホームが存在し、様々な実践が行われている。ただし本施設のように入居者の属性に応じてメニューが工夫されている施設がある一方、カナダの一般的な施設では、肉や芋などが中心の西洋の食事がメインとなる。そのため、例えばトロント市営の入所施設では、外部の非営利団体やボランティア団体と協働し、食事の提供や様々な文化的なサービスを提供できるようにしている。

食べられるのがよい、という入居者も多い。

　高齢者介護において、在宅生活の継続を支援することだけがＡＯＰを実践する方法であるというのは、いつの間にか刷り込まれた思い込みだったのかもしれない。入所施設であっても、「普通」の生活を支えることは、ＡＯＰ実践となりうると今は認識している。

4　ケアする人を支える仕組み

　日本でも、施設、在宅を問わず、介護職は最適なケアを提供するために努力している。日本の介護技術は（カナダと比較しても）とてもきめ細やかで丁寧だと思う。しかし、「やりがいの搾取」が起こっていて、賃金が低く、慢性的に人手不足があり、働きにくい職場も多いように感じる。残念ながらカナダでも介護の仕事には移民が多く就いており[7]、社会的な評価はそれほど高くないのが現実である。一方で、日本と大きく異なる点は、介護が安定している職業であるという点ではないだろうか。この安定感は、介護職としての私の自己評価を変えてくれたと思う。

　オンタリオ州では職種別最低賃金が採用されており、介護士の最低賃金は時給16.50カナダドル（2020年8月現在）と、一般の最低賃金の14ドルより高く設定されている。また福祉や医療職は組合に加入していることが多い。例えば、私の勤務している入所施設はフルタイム・パートタイムにかかわらず、すべてのスタッフが組合に加入することになっている。その組合は北米の保健福祉医療法人を組織する大きなもので、オンタリオ州だけでも6万5千人の組合員を抱える。一般的にカナダでは労働組合が業界の声を代表して、社会や政府に対して意見を訴える大きな役割を担っている。賃金や労働条件交渉や、ストライキも行われるが、職場に組合があること自体が安心をもた

---

*7　養成学校にて講義と実習合わせて約600時間で資格が取得できる。資格があると比較的就職しやすいこともあって移民が多い仕事となっている。

らすという一面もある。組合がある職場は比較的賃金が高く、また勤務中に何か問題があれば組合に相談することができる＊8。

　このような仕組みがあってか、私の限られた経験上ではあるが、日本の職場にいたようなパワハラ的な言動をする上司に出会ったことはない。これは私の職場に限らず、社会全体として法令を遵守し、労働者の権利が守られていることが関連していると思う。職種や地位にもよるようだが、私の場合は、定時を過ぎると「まだいたの？　早く帰りなさいよ〜」と声をかけられる。また、フルタイムスタッフになると勤続年数に応じて２〜４週間の有給休暇が付与され、原則すべて消化することが義務づけられている。もっとも、これは有給休暇を取得しなければ、代わりに雇用主が賃金を払わなくてはならないという法律によるところが大きい。

　いずれにしても、フルタイムになると収入が安定するだけでなく、福利厚生として公的保健制度が適用されない歯科、眼科、カウンセリング等の費用がカバーされることもあり、通常フルタイムスタッフの勤続年数は長いので、日本ほどは人手不足であるという雰囲気はない。男女問わず定時で帰ることができ、子育てや休息などのプライベートな時間を十分持てることは、スタッフの健康とワークライフバランスの点から見ても重要なことだと思う。それは家で「ケア役割」を担う者だけでなく、持続可能な社会を実現することにつながる。

＊8　大学院の授業で、日本の介護現場の現状（介護保険は公的制度だが担い手は民間の社会福祉法人や株式会社等であり、雇用されている側の立場は弱く、人手不足で賃金や労働環境に課題を抱えている職場が多いことなど）を発表した際に「組合に相談したら？」と言われたが、私が日本で勤務していたいくつかの事業所には組合はなかった。

ＡＯＰが実践できる社会とはどのようなものか

　カナダに来てからソーシャルワークにおけるＡＯＰ実践のみならず、Women's March のデモや Black Lives Matter の抗議行動など、何千人、ときには何万人という人が集まって、人種・性別・貧困など差別構造に対して怒り、声をあげるのを見てきた。労働者が自分たちの権利を主張することも盛んで（日本と異なり公務員でもストライキが禁止されていないため）、子どもたちの学校の先生などがストライキをするのも身近な出来事だった。

　そのなかでも、通っていた大学院で、博士課程の院生がティーチングアシスタント（助手）の仕事の待遇改善を求めてストライキに入った際には、私たち修士課程の学生は、ピケットライン（ピケ）を越えて授業に出るか、博士課程の学生と連帯するために授業をボイコットするかの選択を迫られた。自分の選択と行動が、当事者を支援する側になるのか、または抑圧する側につくのか、につながっていると感じたこのときから、ストやデモが自分ごとになったように思う。

　海外で暮らし、自分が外国人としてマイノリティと呼ばれる立場になり、納得がいかないことや、厳しい現実を経験する一方で、当事者の主張や抵抗を社会のあちらこちらで目にすることで、抑圧に対しては異議を申し立て、声をあげてもよいのだ、と改めて気づくことができた。

　同時に、日本社会では空気を読んで同じ行動をとる、同質性への圧力と、生産性と経済効率が強く求められていることも再認識した。私も以前は、金融機関で働いており、生産性至上主義の価値観を持っていた。

　しかし、子どもを育てたり、認知症を抱える高齢者の介護に携わることで、子どもや高齢者、障害者、体の弱い人などケアを必要とする人々やそのケアを担う人々の働きは、人間の存続に不可欠であり、奥深く、面白いものであることも知ることができた。

　一方で、生産性至上主義の価値観を内面化していた私は、賃金の安さ、労

働条件の悪さ、ケアする者とされる者への視線などによって現れる「ケアを軽視している」世間の価値観を内在化して、自分の価値を低く見積もり、自己否定をしてきた。好きで子どもを産んだんでしょ？　ケアの仕事に就いたのは自分。正社員にならないのは自分の選択、と問題を自己責任化していた。

　私が日本で抱えていた生きづらさは、思い通りにならない子どもや認知症を持つ高齢者といったケアの必要な人とともにある世界にいながら、生産性至上主義の蔓延した「世間」に合わせようと頑張ることで、二つの世界の間で引き裂かれていたからではないか。社会構造とその抑圧への怒りを、「ストレス」という言葉で表現し、お酒を飲んだり、友人に愚痴ったり、家族に当たったり、カウンセリングやサポートグループに通ったりと、個人的に解消しようとしていた。

　しかし私が本当に必要としていたのは、自分の感情を受け止め、それをヒントに社会構造との関係で考え、抑圧に抵抗することだったのではないか。実際には後ろ盾も仲間もいなかったので声をあげることは困難だった。しかし「個人的なことは社会的なことである」ということを身をもって理解できるようになってきた今、社会構造を問い直し、抑圧に抵抗するという考え方は、自分を大切にすることだけでなく、多くの人が生きやすい社会をつくることにつながると感じる。今は、あのパワハラ上司も社会的に抑圧されていて、苦しかったのかもしれないと想像する。

完璧な世界なんてない。だからＡＯＰが必要なのだ

　カナダの多様性は、「こうあらねばならない」という凝り固まった価値観や社会の常識に問われてた私を自由にしてくれた。また、子どもや高齢者などケアが必要な人や、ケアをしている人に対する眼差しがおおらかなことを感じる。

　しかし、カナダが福祉が充実した理想的な国かというと、必ずしもそうと

は言えない。移民や難民を数多く受け入れ、国が「多様性を尊重する」という スローガンを掲げていても、見えにくい構造的な差別はたくさんあり、実際には人種や民族や性別などにより様々な困難がある。移民は、出身国で学歴や資格があっても、カナダでの就労経験がないと就職（特に安定したフルタイムの職を得ること）は難しい。所得格差も大きく、貧困が深刻化している。薬物の蔓延、減らないホームレス状態の人々、先住民やマイノリティが抑圧されている現実もある＊9。また保育園は多くが民営で料金が高く、共働き家庭などは、割安だからという理由で外国人のナニーを雇っている家庭も少なくない。有色人種の女性が白人の子どもをお世話するという構造は、グローバル・ケア・チェーンと呼ばれるケア役割の国際的な移転（Hochschild 2000）であり、ケアを安い労働力である女性に押しつける差別的な構造を再生産しているとも言える。マイノリティ女性は、自分が私的領域で「ケア役割」を担っているだけでなく、一時滞在の（安くて使いやすい）外国人労働者として「ケア労働」をも担わされるという、社会的な構造がある。

　しかし、多くの問題がありつつも、その現状や抑圧に抵抗する人たちがいるのも事実である。日本に比べて、弱さや憤りなどを含め、自分の感情を大切にしているように感じる。社会正義に反することには、むしろ積極的に声をあげていくべきだと考えられているから、デモや抗議運動も行われているのだろう。その根底には、制度や社会は変えられるし、将来はもっとよくなる、という希望を持っているからであると思う。

＊9　例えばアフリカ系のルーツを持つ高校生のうち4割は高校を中退してしまうというデータがある。またここ数年、物価は上がる一方なのに、生活保護の額は低いため、ホームレス状態にある人やフードバンクを利用する人の数は減らず、冬にはシェルターがいっぱいになる。禁止薬物も蔓延していると言われ、2018年だけオンタリオ州で1400人もの人が薬物の過剰摂取で亡くなっている。さらに先住民の多く居住する北部ではインフラや病院などの福祉サービスや仕事が不足していると言われ、所得格差も大きい。

ケアを中心とした社会をつくるために

　日本でも近年、「ダイバーシティ（多様性）」や「インクルージョン（社会的包摂）」という言葉が盛んに使用されるようになってきた。

　しかし、子どもや高齢者、そのケアをしている人、そして多様な背景を持つ人々に対する抑圧の現状と、「しかたがない」というあきらめムードや、抵抗する人に対して冷笑するような世間の態度を見ていると、日本で使われている「多様性」や「社会的包摂」という言葉は、生産性至上主義に馴染むものだけに焦点があてられているのではないかと思ってしまう。

　声をあげる者が排除されたり傷つけられたりする危険を伴う社会では、社会構造を問い直し、抑圧に抵抗するＡＯＰの実践は容易ではない。ＡＯＰを実践する前に必要なのは、声をあげる勇気を持つために、人々と連帯することであるかもしれない。「誰もが生きやすい社会」とは、競争と生産性至上主義の価値観を乗り越えた先にあるのではないか。それは、誰も肩身の狭い思いをすることなくケアに携わることができる、ケアを中心とした社会だと思う。

　最後に述べておきたいのは、私がカナダで行っていることは、社会的抑圧に抵抗すると言うほどの大それたものではなく、入居者の日常生活を少し彩る程度のものである、ということだ。

　私が介護の仕事で心がけている、信頼関係を構築すること、当事者を中心におくこと、当事者や多分野の人々と一緒に実践すること、当事者から学び私も日々成長することを心がけること、などは日本でも多くの現場で実践されている。うまくいかなくて落ち込むこともあるが、自分の直感を信じ、様々な工夫をしながら、新しいことに挑戦したり、ときには振り回されたりと、介護する側とされる側が一緒に右往左往することが、ケアの深淵さと面白さであり、反抑圧的実践の一端であると考えている。

参考文献

二木泉、2017、「ソーシャルワークにおける反抑圧主義（ＡＯＰ）の一端—カナダ・オンタリオ州の福祉組織の求人内容と組織理念を手がかりとして—」『社会福祉学』58 巻 1 号、153-163 頁。

二木泉、2010a、「認知症介護は困難か――介護職員の行う感情労働に焦点をあてて――」国際基督教大学学報 II-B,『社会科学ジャーナル』69 号、89-118 頁。

二木泉、2010b、「分断される介護職の実態と連帯の可能性（特集 介護労働のいま）」『女性労働研究』54 号、106-113 頁。

Hochschild, Arlie Russel, 2000, "Global care chains and emotional surplus value," Will Hutton & Anthony Giddens eds., *On the Edge : Living with Global Capitalism*, London : Vintage.

コラム3 被爆者・アクティビスト・ソーシャルワーカー、サーロー節子さん

　自身の広島での被爆経験を語り、長年にわたり核兵器の廃絶を訴えてきたサーロー節子さん。国連の核兵器禁止条約の採択に中心的な役割を果たし、2017年にノーベル平和賞を授与されたICANとともに活動してきた、著名なアクティビストだ。

　そのサーローさんが、ソーシャルワーカーであることをご存じだろうか。戦後の厳しい生活のなかでも他人を助けていた母親や周囲の女性に感化され、人を助ける仕事をしたいと思うようになり、ソーシャルワークを選んだという。トロント大学・大学院で学ぶなかで、それまで日本で聞いたこともなかった「人権」「公正」などの概念を知り衝撃を受けたと語る（2018年トロント大学での講演）。

　サーローさんは、それから40年以上にわたってソーシャルワーカーとして多くの人を支え、またアクティビストとして制度や社会を変える実践を行ってきた。カナダのトロントでスクールソーシャルワーカーをしていたときには、移民やマイノリティへの支援の少なさを実感し、是正するべく活動した。その一つが Japanese Family Services of Metropolitan Toronto（現 Japanese Social Services）の設立だ。日本人や日系移住者のためのこの団体は30年経った今も、カナダ東側で唯一日本語で相談やカウンセリングが受けられる貴重な場所となっている。

　サーローさんが、社会の抑圧に抵抗し声をあげ、社会を変えるAOPの実践者であると感じられるエピソードがある。彼女がアメリカに留学した1954年は第五福竜丸がビキニ環礁での核実験で被曝した年。地元メディアの取材に対し「アメリカは悪いことをした」という趣旨のことを述べると、いやがらせの手紙が届くようになったという。「『お前は日本に帰れ』とか『真珠湾攻撃を始めたのはお前たちじゃないか』とか。私はびっくりしちゃって。

私は元の敵国なんだ、と。辛さと孤独っていうのを本当に感じました」（2018年トロント日系文化会館での講演）。一時は「口にジッパーをつけて」語るのをやめてしまおうかとも思ったが、ここでやめてしまえば原爆の悲惨さを伝える人がいなくなってしまうかもしれないという思いのほうが強かった。特にカナダに移ってからは、原爆が日米間のみの問題だと捉える人も多かった。だから「私ひとりの被爆体験だけ話しても、苦しかった、悲しかった、だけで終わってしまうんだったら、それは不十分」という信念の下、核兵器の廃絶という大きな目標に向かって仲間とともに活動を続けてきた。

　サーローさんの活動を振り返ると、カナダに暮らす日本人移民やマイノリティのために長年ソーシャルワーカーとして活動する一方、被爆当事者として声をあげ、その声を世界に伝えることで、反核運動の活動をしてきたことがわかる。当事者やマイノリティのアライとして人と寄り添い、勇気を出して小さなことから実行に移すこと。個人的な経験を社会的・政治的なこととして声をあげ、制度や社会を変えていくこと。これからのソーシャルワーカーには、それが求められているのではないだろうか。

4 ささやき声の共鳴から生まれる私たちのＡＯＰ

—— 「しょうがない」の向こう側

市川ヴィヴェカ

数限りない抑圧構造の一つとしての「私」の物語

1 はじめに

　私は、2014年から約3年間、某市役所で非正規雇用の嘱託福祉職員として勤めていた。生活保護ケースワーカーの補助として、家庭にかかわり支援する、正に「連絡・相談・調整」の役割である。保護費の支給決定や自立支援の方針を立てる権限はないが、子どもと保護者により近い、新しいポジションだった。仕事自体にはやりがいを感じながらも、「非正規公務員」として働くことに付随する様々な違和感や不安定さは、退職して数年経った今でも、消化しきれない思いとして残っている。渦中にいたときには自分のなかで具体化できていなかった「怒り」を、つたないけれど言葉にしてみることにした。

　経済活動と生産性が最優先される社会の歪みの結果とも言える「食えない非正規雇用」の急増は、職種を越え、数多の人々の生活に影を落としている。私の「官製ワーキングプア」（低賃金・単年契約で行政に勤める非正規職員）としての体験は「特別ひどかったわけではない」し「今まさに渦中にいる当事者がたくさんいる」ことを理解したうえで、あくまで個人的な物語を語りたい。明日からすぐに使えるハウツーや、これだけおさえれば大丈夫なマニュ

アルではないが、全く同じではないけれどもどこか似ている生きづらさを抱える者同士が、小さなテーブルに集まって語り合っているような、そんな気持ちで読み進めていただければと思っている。

　社会や組織の抑圧構造に批判の目を向けるAOPでは、「なぜ」その抑圧に素通りできない違和感や怒りを覚えるかの掘り下げと表明が非常に重要視される。社会が生み出し、維持する抑圧構造に対するカウンターアクション（反作用）の一例として、「私」という人間が「官製ワーキングプア」の当事者となったことからスタートする、個人的だけれども社会的な「自分語り」が「しんどい！　けどしょうがない」から抜け出すためのヒントになれば幸いである。

2　官製ワーキングプアだった私のAOP

　新自由主義に基づく現代型「弱肉強食」と、それによる格差は世界に広がり、日本では 1990 年代後半から、真面目に働いても貧困に陥り脱出できない「ワーキングプア」と呼ばれる労働者が注目され始めた。地域自治体の非正規福祉職者の急増で、今や地域行政を支える３人に１人が非正規雇用である。私が勤めていた市役所でも、大卒程度の専門資格を持つ多くの福祉職が、低水準の賃金・単年契約制度・キャリアの見通しのなさ等の不安を抱えながら働いていた。

　非正規雇用による格差拡大や生活崩壊を問題視する世論の高まりを受け、非正規職員に対するボーナス支給などの変化は起きている。しかし、国の研究調査などの今後の方針では「嘱託（非正規）職員等の活用」等の文言が当たり前のように踊っており、個人の犠牲を当然として成り立つ日本の行政機関の構造不全に対する反省と抜本的改善の気配は見受けられない。

　非正規職員として働いていたなかで、忘れることができないエピソードがある。ともに仕事をしている正規職員が、課の飲み会や会議などで「（業務が回らないなら）非正規職員の数を増やせばいい」「そういうのは嘱託（非正

規職員）の仕事でしょ」と当たり前のように言っていた。その同じテーブルに非正規職員が複数いるなかでの発言である。

正規職員と非正規職員の格差、それを一般論として見聞きするだけでなく、毎日をともにしている、日本的に言えば「同じ釜の飯」を食った仲間の置かれている状況を至近距離で見てきたうえでの発言。その圧倒的な鈍さ・想像力の欠如が、強烈な違和感として私のなかに残った。

3　抑圧構造のナラティブ（物語）

差別者（この場合は、正規職員側）には、自分たちが主体的に搾取構造に参加している自覚はない。なぜなら、そもそもその集団の一員となったときにはもうヒエラルキーは確立していて、それを変える必要も余地もないものとして認識しているから。「私たち」が「特権」を持ち、「あなたたち」が持たないのはただ単に「そういうもの」である。植民地侵略、奴隷制度、部落差別……世界の歴史のなかで何度も繰り返されてきた抑圧構造のナラティブだ。

抑圧される側の一員と、個人としてはよい関係を持ち、生活や仕事の場をともにしても、その被抑圧集団全体に対する意識には変化が生まれない。「私の親しい友人は仕事熱心だし、市民からの信頼も厚い。なのに、低賃金で生活の余裕がなく可哀想だなあ」という認識と、「正規職員枠は公務員試験をしかるべきプロセスで合格した人だけに与えられる特権だ」という一見矛盾した認識が違和感なく共存してしまう。

友だちだけど、身内ではない。わが身が痛む「かもしれない」、自分の取り分が減らされる「かもしれない」、変化が起きるくらいなら「可哀想だけど、しょうがない」。この一言で、必要悪として許容してしまう。「無力な傍観者」だと思っているかもしれない彼らは、じつは「無自覚の加害者」である。

とは言え、官製ワーキングプアを語る際に「正規公務員 VS 非正規職員」の図式に陥ることには「No」を唱えたい。後述するが、俯瞰して見れば、正規職員も非正規職員も、結局は脆弱な職場体制に抑圧されていることが浮

かび上がってくる。わかりやすい対立構造の裏には、「搾取される弱者」なしには維持できない仕組みを人々に植えつけ、それによってウマミ（利権）を得ている誰かが隠れている。抑圧されている人々のなかでの分断・対立の罠に陥らず、批判の目を向ける矛先を間違えずにいたい。

「しんどい！」を向けるべきは誰？　疲れきっている人が崖っぷちの人を支える日本の福祉

1　市役所で垣間見た日本の福祉現場

　日本の福祉現場職者の多くがほぼ恒常的にバーンアウトしている、と言われたら驚きだろうか。しかし、それが私の体感だった。

　100件を超える家庭の訪問調査のノルマに追われ、真冬も真夏も自転車で市内を走り回っているケースワーカー。「新しい人が続かないから」と連勤をこなしているベテラン施設職員。限られた勤務時間で奮闘するスクールソーシャルワーカー。脆弱な支援体制、低賃金に長時間労働。崖っぷち、もしくは谷底でもがいている人たちと直接かかわる職員の「ほうっておけない」「どうにかしなくては」でぎりぎり回っている福祉現場が、日本には数限りなくある（諸外国でも同じ傾向は見られるが）。

　他国の福祉実践者・学習者に、「日本の生活保護世帯のケースワーカーは、事務職員として採用された一般行政職員が2～5年単位の人事異動により入れ替わりながら担当している。しかも担当世帯数は100件を超えることが少なくない（国の基準は80件だが）」、と伝えると非常に驚かれる。ケースワーカーという過酷な感情労働を、確立されたスーパービジョンも組織的サポート体制もないまま一般事務職員が担ってきたというのは、どうやら（表面的には）奇跡のシステムのようだ。

　しかし、弊害はもろもろ……福祉ニーズは増加・多様化し、予算は切り詰められ、現場職員が疲弊し悲鳴をあげている。「『傾聴、傾聴』言うけど、時

間があればできるよ。でも過労死しそうなくらい忙しいときには無理だろ」
「研修は出ろって言われれば出るけど、正直それどころじゃない」という現場の本音。高まる福祉ニーズと切り詰められる国の予算のギャップを埋めるために酷使され、結果として責任感を持って仕事に真摯に向き合う職員ほどバーンアウトや離職に追いやられる。これは、社会にとっても大きな損失である。

　個人がわが身をすり減らし、我慢をすることで維持される組織。我慢の強制による追い詰めは、支援を必要とする人たちをも不幸にする。

2　「抑圧は抑圧を生む」差別構造の連鎖

　福祉職者による支援利用者に対する不適切な、人権を無視した非人間的かかわりは決して許されない。どのような状況下においても、相手の人権を傷つけるような言動は一切の寛容なく許されない。この共通認識は、何時も揺らいではならない。しかし、その点を明確にしたうえで問いたいのは、「支援者自身の心身が追い詰められ誰も守ってくれないときに、他者に対して思いやりをもって接することができるのだろうか？」というそもそも論である。

　昨今表面化する、福祉事務所における職員の不適切な対応や、利用者への人権侵害は、個人の責任である以上に、現場職員の我慢で成り立ってきた仕組みの限界を示しているように思えてならない。

　ベテラン福祉職者であっても困難な「ひきこもり」「アルコール・薬物依存」「児童虐待」や「不登校」等の困難ケースを含む多様な被保護世帯の自立支援を、脆弱な組織体制のなかで個々のワーカーがその肩に背負う。職員のバーンアウト、病欠、退職が頻発。自殺さえ起きている。これが個人の我慢を当たり前として強いるシステム構造が引き起こした悲劇でなければ、なんであろう。

　常軌を逸した業務量や、安定した生活が営めない賃金水準等、明らかに「しんどい！」状況に置かれたときに、「しょうがないから」「みんな我慢してい

るから」「ずっとこうだったから」と自らの口をふさぐ手。その同じ手は他者の口をふさぐ抑圧に容易になり替わってしまう。「俺たちは血税からお給料もらっている立場だから／好きで福祉の職に就いたから、文句は言えない……」という考え方は、「誰かおよび社会の世話になっているかぎり／自分で選んだ（ように見える）限りは、しんどい！　と声をあげることは許されない」という考え方を助長し、抑圧の再生産へとつながっていくのではないだろうか。

　支援者自身が、自らを脅かす抑圧を「しょうがない」と受け入れたとき、支援を必要とする人に対し抑圧的なまなざしが向いてしまう。それが抑圧の再生産である。組織の機能不全や多数派の流れに疑問を持たない、もしくは異論の声をあげられない福祉職者が抑圧の一部となったとき、支援を必要とする人たちもまた、その抑圧構造に否応なくからめ取られていく。

3　我慢の押しつけ合いは誰を幸せにするのか

　例えば大学進学を迷う困窮世帯の高校生。週に数時間でも趣味の時間を持ちたいひとり親。生活保護費を趣味のフィギュア購入に使うことに罪悪感を持つ生活保護受給者……。「自分はこうしたい、こうありたい。でも周り（家族や会社や行政や世間）は、こうして欲しがっている」という真綿で締められるような圧迫感に、かき消されそうなかすかな声をかろうじて聞き取ったとき、「あなたのやりたいようにやろう。そして何が起きても一緒に考えてどうにかしよう」という、その一言が出てくるためには、支援者自身も「ありのままの私」の声に耳を澄ませることがまず必要ではないだろうか。

　そのために、人が社会や組織の一員として公平で尊厳ある扱いを受けられない仕組みに対しては毅然と「No」を表明する姿勢を示すこと。他者の心からの訴えやSOSに共感できないとき、それを阻んでいる壁は抑え込まれた私たち自身の声かもしれない、と自らを振り返ること。自分の口をふさぐことをやめた手は、社会のなかで声をあげられない人たちの声をすくい上げ

ることもできる。

　多種多様な他者を一律に枠に当てはめようとせずに、あるがままの姿で捉えるために。わが身のしんどさと我慢が、ねじれた矛先としてより弱い立場の人たちに向いてしまわないために。「自分の『あるがまま』が受け入れられず尊重されないときに、他者の『あるがまま』を受けいれられるか？」この問いを個々の職員の良心や職業倫理の問題にとどめず、組織そして社会の責任として語り合う場が、今求められている。

4　「No」を響かせる私たちのカウンターアクション
　日本の福祉（そして社会全般）の強みである、個人の責任感と所属に対する忠誠心は、厳しい状況のなかでも現場職者の踏ん張りで社会に貢献してきた。しかし、あえて厳しい言い方をすれば搾取抜きに成り立たない構造を助長する一因であったとも言えるのではないだろうか。
　では、組織や社会の「しょうがない」によって公正で尊厳ある人としての扱いが受けられない仕組みに「No」を表明する、それは具体的にはどのような行動を意味するのだろうか？

「スーパー保守」市役所から「多様性のモザイク」トロント大学院へ

1　飛び出した先はカナダ
　前述なような問い（当時は言葉にならないモヤモヤとした違和感だったが）を抱え、私は2017年に離職し、カナダのトロント大学でＡＯＰをはじめとする、多様性や公正な社会づくりに根づいた福祉実践を学び始めた。
　じつはカナダの大学を卒業していたこともあり、自分にとってはなじみのある外国、加えて多様性や多文化共生に関しては先進国、というイメージで

子どもを連れての留学を決めた（もちろん、ひとり親として子どもを連れての留学を決意し実現するまでは本当に様々な経緯があったが）。

　個人と政治や社会構造との接合点に働きかけ、そこで起きている関係性（ダイナミクス）に変化をもたらすことで、抑圧された人々の力づけ（エンパワメント）と解放を目指す批判的ソーシャルワーク。その中心的なセオリーの一つであるのがＡＯＰだ。

　恥ずかしながら私がＡＯＰに対して最初に感じたのは、「素晴らしい理論だけど、私のいた職場では無理だなあ」という、一歩引いてしまったものであった。本来のソーシャルワーカーの職業理念に忠実であれば当然求められる姿勢ではありながらも、自分が社会福祉士として勤めていた「スーパー保守」の市役所でＡＯＰを実践するところは、正直イメージがつかなかった。

　しかし、そのどこか他人事の距離感は、とある強烈な揺さぶり体験により変えられた（つまり問いへの答えを見つけられた）経験があった。それは、トロント大学院社会福祉学部でのオリエンテーションでのことだった。

2　ロールプレイを通した「無自覚の加害者性」の疑似体験

　私の所属していた福祉学部では、新入生オリエンテーションの一環として、先住民の方々で構成される啓蒙団体（Ontario Federation of Indigenous Centres）を大学に招き、植民地支配と先住民文化の抹殺の歴史、そして今なお残るその爪痕について学ぶワークショップが設けられていた（カナダの先住民侵略と文化の抹殺の歴史については第2章を参照してもらいたい）。

　私自身がこのワークショップに参加したなかで感じた忘れがたい経験をお話ししたい。言葉で伝えるのはとても難しいのだが、「それを経験する以前の自分にはもう戻れないと感じるほどの感情的揺さぶりを伴う不可逆的な学習体験」とでも言うものであった。それは、自身が所属する組織、背負う役割、そして他者への影響に対する批判性の欠如が、「社会的な抑圧構造」に

対する疑問を抱かせず、「当たり前」にしてしまうこと、そして、その構造のなかにいる人から「違和感」を奪い去り、搾取関係を維持する「無自覚の加害者」にしてしまう、その怖さの疑似体験であった。

　計２日間のワークショップのハイライトは、学生20人余りを一人ひとり役どころに当てはめた即興のロールプレイだった。まず、政府に派遣されたソーシャルワーカー役の学生たち数人が、平和に暮らすカナダの先住民の部落を訪れる場面から始まる。その他の学生は、部族の子ども、男性、女性、老人、若者……等の役割に割り当てられる。使命感に燃える政府からの使者（ソーシャルワーカー）と、来客は自然からの贈り物としてもてなすことが伝統の先住民族たちとの出会いの瞬間……。誰が何を話すか、ロールプレイの目的は何か、どのように話は進むのか等の説明を一切ないままに「？？？」マークだらけの学生たちがロールプレイを始めた。私はたまたま部族の族長役をやることになった。

　先住民族役の学生たちは子どもと老人を中心に置き、内側から外側に向かって、女性、若者、男性の順（だったと思う）で、人間の年輪のような手をつないだサークルをつくった。これは、上も下もなく子ども、女性、男性も同じように部族の一員として大切な役割を担う先住民部族のあり方を表している。大人たちはみんなそれぞれ役割を持って協力し合い、どこにも歪みや切れ間のない輪で子どもと老人を守る。そのたくましく健やかな人々の輪の一番外側で、族長役の私は誇らしげに自分たちの部族を眺めていた。

　そこに「先住民の子どもたちはカナダの主流派のなかで再教育されることが幸せ」と信じて疑わない政府の使者たちがやってきた。族長役である私は、その何をしに来たかよくわからない来訪者に少しの警戒心を持ちながらも「私たちはあなた方の利益のためにここに来ました」「贈り物を持ってきました」等の言葉に、そして何より彼らの「私たちはよい者」という揺るぎない自信に、つい彼らを来客として部族のなかに招き入れてしまった。

　その決断が招いたロールプレイでの、そして歴史上の結果は言うまでもな

い。「善意の来訪者」は「無自覚の侵略者」であり、子どもと若者は再教育の名の下で強制的に連れ去られ、残された大人たちは生きる希望や意欲を失い薬物やお酒におぼれ、健やかな歴史を重ねてきた部族の年輪は一瞬にして断絶されたのだ。

　私は族長役に感情移入しすぎてしまい、この体験の後、今思えば軽度のショック症状に陥っていたようだった。相手の言葉をそのまま信じやすく、楽観的で好奇心旺盛なために痛い目を見ることもしばしば、という自分の性格傾向が、侵略者を招き入れてしまった。族長の自責の念に、ロールプレイ内の出来事とはいえ、過度にシンクロしてしまったように思う。

　強い感情反応を見せたのは私だけではなく、ロールプレイ後の振り返りでは泣き出したり、言葉を失ったりする学生も多かった。実際の先住民の方の受けた恐怖と甚大な損害とはもちろん比べ物にならないが、他者理解を目指した疑似体験としては、とてつもないパワーを持つファシリテーションだった。卒業後も同級生のなかで「あれはものすごかったね……」と語り継がれている。

3　「無自覚の加害者」に自分はならないと誰が言えるのだろう

　ワークショップは、無自覚の加害性を身に沁みる怖さとして疑似体験した稀有な機会だった。まさに、みぞおちにものすごく重いパンチで叩きつけられたような「理解しきれない、けれど重要な体験」を、吐き出しそうになるのをグッとこらえ飲み込む。そして、その未消化の違和感は自分の一部となり、その後ずっと消えない感覚を残す。そんな腑に落ちる学習があるのか！という驚きは忘れられない。容易く消化できないからこそずっと残り続ける宿題が、社会や組織のなかでの当たり前に疑問を持たない無自覚性の怖さに反応し、私のソーシャルワーカーとしての核を揺さぶり続けている。

このような体験を重ねた後に、自身の日本での認識を振り返ってみれば、それはとても一面的なものだった。一生懸命働いているのに、「福祉職は非正規採用のみ」という組織のルールのせいでやりがいを搾取される自分は被害者である。その点に関しては、とても意識的で怒っていた。その一方、支援を必要とする人の生きづらさの根幹にある社会のひずみに対して、そしてときにそれを助長する仕組みの一員としての自分に対しての批判的意識はあまりに希薄。「相談・連絡・調整」という社会福祉士の決められた枠組みに疑問を持たずに、今ある制度や職場体制を当たり前として支援を必要とする（と私たち体制側が認識している）方々の生活にずかずかと入っていく自分もまた、善意の来訪者のつもりの無自覚の侵略者なのかもしれない。そのような俯瞰の目で抑圧の一部としての自分を省みることはなかった。

　無自覚性は悪意から起きるのでなく、一人ひとりのあいまいな弱さからくるものだ。そして、それが少しずつ少しずつ、波のように他者の人生を削り取り、いつしか見る影もなく変えていく。その弱さの隙をついて、抑圧構造は幾重にも重なった見えづらい糸で私たちをからめ取っていく。「抑圧されながら抑圧する」、表裏一体のダブルロールを私もまた担っていたのだ。

　専門職や行政・福祉団体の一員として、他者の人生に介入する大義名分を与えられたとき、私たちを無自覚の加害者となることから守ってくれる、もしくは、そうなりかけたときに引き戻してくれる抑止力は、自分のなかの違和感というシグナルなのだと思う。

　無力な傍観者であることは、歯車の一つとしてその構造に組み込まれることになりかねない。それに気づくことで自覚される責任が、翻弄される受け身の立場から、主体的な変革者の立場へと導いてくれる。

　「組織のルールだから」、「私たちの仕事だから」、「みんなそうしているから」……そのような大きな主語が鳴り響くなかで「私」というたった一つの拠りどころから発生する小さな「No」を聞き逃さないこと。その声を道しるべとして進むのが変化につながる道であると、ＡＯＰは私たちに示している。

4 抑圧を「気づき、見つめ、語る」

ここまで、私自身の日本そしてカナダでの体験をめぐる遍路におつき合いいただいた。しかし、もし今、以前勤めていた職場に戻ってその職場文化や体制を劇的に変えられるか？　と自分自身に問いかければ、「やはりそれは非常に難しい」と答えるだろう。しかしそれは、「しょうがない」と受け入れることとは一線を画する。

「しんどいけどしょうがない」と言って仕組みの一部となることに「No」を表明する。そのためにたどり着いた一つの方法論が、自己と社会に対する（前向きに）批判的な「あり方」である。ＡＯＰが私たちを導くのは、何も実際的な社会革命や組織改革だけではない。何より重要視されるのは無自覚の抑圧構造の枠から個人の意識が解放されることである。

原因が「これだ！」と名指しできないからこそ、モヤモヤとした生きづらさ・納得のいかなさを感じているときに、構造的な仕組みに気づき、自分という複合的なアイデンティティを「見つめ」、モヤモヤを語り合える他者とつながる。この一連のアクションこそが「私たちの」ＡＯＰになり得る。

ささやき声の Anti-oppressive Practice

1　「よい職員」の鎖に「気づく」

前述したとおり、忖度、同調圧力、そして空気を読む、などの文化的土壌が「内なる抑圧（社会から求められる役割を自分自身に当てはめてしまう）」に転びかねない日本社会において、組織の現状を具体的に変えるために「大きな声」をあげることは、面倒なやつだと思われたり、悪印象を持たれて契約を切られたりしたらマズイ、というような生活に直結したリスクにもなりかねない。例えば、私は通信制大学に通いながら働いていたので、万が一上司との関係が悪くなったり、職員課に睨まれたら、休みの調整がしづらくなるか

も、という不安は自分の言動に少なからぬ影響を与えていた。

　欧米の受け売りで終わらせず、私たちのAOPの種を見つけ、育むためには、日本の職場カルチャーのなかで少数意見や政治的発言を述べることがもたらす実際的リスクを無視することはできない（現実的にはカナダでも「モノ申す」職員が出世を阻まれたり、契約が打ち切られたり、いじめられたりすることはあるが、その際に相談できる仕組みや予防対策が一応つくられている）。

　残念ながら、日本にはルールに大人しく従う職員を善とし、異論を唱えることを不正義や反発行為と捉えがちな職場文化が、いまだ根強く残っているように感じられる。日本の職場、そして社会の意識改革を抜きにして、個々の職員、特に「抑圧される」立場にいる職員に組織を改革する責任を求めるのは、それこそ安全圏にいる人間による理想の押しつけとなってしまいかねない。「理想的だけど、うちでは無理！」にとどまらない日本に生きる私たちのAOPの根づきは道半ばであるが、まずは文化的・社会的な抑止力に気づくことが変化への一歩となると感じている。

2　複合的なマージナライゼーションを「見つめる」

　組織や集団のパワーバランス（力関係）において、個人のアイデンティティの持つ影響はとても大きい。私たちの「あり方」を構成する様々な要素——性別、人種、言語、性的指向、能力——は相互作用し合い、個人のアイデンティティを形成する。これがインターセクショナリティという考え方である。「抑圧」の観点から見ると、このようなインターセクショナリティからなるアイデンティティが、複合的な抑圧、そしてマージナライゼーション（中心から離れたところに取り残されること、社会的無力化や無視）を生みだすことがある。

　例えば私の場合は、日本社会のなかでのマイノリティ性（ミックス、ひとり親、日本とカナダの両方にまたがる学歴）と職場のなかでのマイノリティ性（非

正規職員、女性、通信制大学の学生）の二つの要素が複合的なマージナライゼーションとして働くことで、「典型的なその集団のメンバー（正規職員）」という輪の中心から、二歩も三歩も離れたポジションが固定化されたように思う。この構造をさらに複雑にしているのは、社会や組織内での扱われ方が往々にして当事者に「内在化（私はこういう人である、私はこういう傾向を持っている、私にはこういうポジションが適切などの自己認識）」されることによって、表面的には当事者が自主的にそのポジションに就いているように見えることである。

　確実にそこにあるのに摑めない抑圧のもやをかき分け、ありたかった姿、望んでいた生き方……遠ざかっていた本来の自分と再統合する。「しんどいけどしょうがない」からの脱出は、私たち自身を心の抑圧から解き放つことから始まる。

3　ささやき声の呼応がつくり出す「語り合い」

　「大きな変化」へとつながる社会改革が「小さな声から」始まることが、ＩＴの活用でますます増えてきている。「#KuToo」や「保育園落ちた日本死ね」がツイッターで広がりを見せたように、個人の匿名性を守りながら世界に発信できる Tweet（つぶやき）など、小さな声が社会に投げ込まれることで起きた呼応反応の波紋の大きさは、まさに自分自身の小さなささやき声で始めるＡＯＰの可能性を示しているようだ。

　そして、その問題意識をともにする組織内、もしくは他組織に所属する仲間つまり、横のつながりを見つけ、集まり、語り合い、発信する。もちろん実際的な改革（意識改革や待遇改善）を組織内外で起こしていくことは素晴らしいが、私たちそれぞれの試行錯誤や悲喜こもごもの物語が、全く同じではないけれども、どこか似ている生きづらさを抱える者同士の間で語り合われ、共有財産として蓄積されていく。そして社会に向かって表明されていく。そのプロセス自体が癒しであり、エンパワメント（力づけ）として非常に効果性の高いＡＯＰのアプローチになる。

大きな声で勇ましく闘うことだけがＡＯＰではなく、「こんなこと言っちゃって大丈夫かな」と不安を抱えながら、ささやくような声で他者と語り合う。強い感情を公の場であらわにすることに、申し訳なさやみっともなさを感じてしまいがちな私たちの文化においてこそ、同調文化と決別し自分自身の声を響かせる、ささやき声のＡＯＰがとても大きな可能性を秘めているのではないだろうか。

今の日本に思うこと──なぜＡＯＰが必要なのか

1　生きづらさはどこからきたのか

　私は日本でビジブル（見てわかる）マイノリティとして育った。日本社会の主流──普通の人──には含まれない個人やグループとの交流やその一員となる機会が自然と多かったように思う。自分自身、そして私の引き寄せ合う人たちが日本で感じていた様々な生きづらさや窮屈さは、主流派・多数派に含まれない側の人間ならではの体験だと思っていたが、ここ数年どうやら違うようだ、と感じ始めた。

　私たちの暮らすこの国は、なんだか誰にとっても「幸せになりづらい社会」になってきてはいないだろうか？　この生きづらさは、大きな文脈で見れば、新自由主義、富の二極化、人類の歴史上最も人口が流動する社会、政治不安、環境問題……など、現代を生きる私たち皆が国境を越えて共有している危機なのかもしれない。しかし、いくつかの国や文化を行き来してきたなかで、日本に対して感じるのは、「みんなで我慢」という昔からの耐える美徳と表裏一体な個人の犠牲を当然と強いる社会の重苦しさである。

　みんなが同じであることをよしとし、異端であること、異論を訴えることがリスクにつながる日本社会の同調圧力が、社会の下流に追いやられる人たちが声をあげたくてもあげられない、声をあげることを「みんなで」許さない空気をつくり出してはいないだろうか。

2 問いかけ、つながり、語り合う──変化を起こすことに対する前向きな勇気

自らの考えやニーズを主張しないことが安全（正義）とされがちな今の日本社会で、自身を追い込んだり、社会から隔離されたり、息苦しさに縮こまりながら生きている人たちに目を向けてみる。「なぜ」そのような社会がつくられ、そして続いているのか、そう問いかけることが、変化の第一歩となる。出る杭は打たれる、長いものにはまかれる……何かおかしいな、辛いな、と思っていても、周りと違う意見を表明することが、自分の所属するグループのなかで居場所（力）を失うことにつながってしまう。そんなプレッシャーは、「抑圧」に抵抗する意識の芽吹きを阻む強い抑圧となってしまう。

「しんどい！」が下（立場の弱い人）に向けば、それは容易にいじめや差別につながりかねない。生活保護という文脈に置き換えれば、「私がこんなに我慢しているのに、働かず学校も行かず、文句ばかり言って」という自己責任論を叫ぶ人々の多くは、きっと社会、地域、会社や学校そして家庭のなかで自身の役割を真面目に、ときに我慢して、果たしている方々なのだろう。

でも、もし「しんどい！」が上（仕組みをつくる人）に向けば、それは今の現実を変え、新しい状況を生み出す力となるかもしれない。誰かをしんどい立場に置き続けなければ維持されぬ構造をつくり出し、それを維持することによってウマミを得ているのは誰なのか？　その構造を変えるために対面しなければいけない相手は誰なのか？

私のケースで言えばそれは課や部の長かもしれない、もしくは職員課や市長、はたまた県や都だったのかもしれない。スケールを問わずに、「抑圧の再生産」を防ぐ最強のカウンターアクションは、たどたどしくても、ささやき声でも、何かしらの「No」を表明することである。

そのことを日本で働く福祉職者（だけではなく、保育、教育、介護、その他の様々なフィールドで働く方々……もちろん家事・育児・介護労働も含める）が考え、声

を拾い合い、巨大な体制や仕組みに「No」を表明する多様な方法がある。

　愚痴を言ったり憂さを晴らしたりすることもセルフケアとして効果はあるが、「モヤモヤ」を募らせる根本的な「抑圧構造」が変わらなければ、対処療法には限界があるだろう。「しんどい！　けどしょうがない」より「しんどい！　からどうにかしよう」、そのほうがなんだか明るい、よりよい、人が幸せな社会に近づいていく力の使い方のような気がしないだろうか？

　生きづらさ・同調圧力が強まる現在の日本において、問いかけ、つながり、語り合い、そして変化を起こすことに対する前向きな勇気。それこそが、すべての人の尊厳を認め、それぞれが価値ある平等な人間であると言明するソーシャルワークの土台であり、福祉のフィールドにとどまらず公正な社会の実現をもたらすことができる、そう願ってやまない。

　コーヒーやお酒を片手に、仕事帰りの電車で、子連れのファミレスで、Zoom 会議のスクリーン越しに……まとまりがなくても、解決策が見えなくても、たどたどしい言葉で、取り乱しながら、私たちの反抑圧的ソーシャルワークをこれからも語り合いたい。

コラム 4 ささやき声のＡＯＰ、実際にやってみたら

　コロナ禍真っただなかの 2020 年 4 月……。この章のなかでも触れている以前の勤め先から、急増する困窮相談のため臨時職員として勤めないか、と誘われた。子どもと高齢の祖母と同居しており、感染リスクを考えると躊躇したが、ちょうどこの本の執筆中で、以前勤めていた際の「やり残し感」と向き合えるかと思い、飛び込んでみた。たった 1 カ月半の間、コロナ危機にあえぐ行政現場の一端に携わっただけで、「短期間で辞めるとわかっているからそんなこと言えるんだよ」という、もっともな指摘も同僚からは受けた。それでも、起きたことのそのままを読者の方々と共有したくてこの文章を書いている。

【やってみたこと】
・職員から「外人」という言葉が使われる度に「外国人」と言い換えてくれるよう伝えた
・「ジャマイカ人」「フィリピン人」と国籍で利用者を呼んでいるのを、日本人に対するのと同じように名前で呼んでくれるよう伝えた
・職場に「担当した方の国にシールを張って世界一周を目指そう！」というメッセージとともに世界地図が張られたときは、差別的だから止めてもらうよう提案した
・管理職に、多文化や多様性に基づいた職員の対応力向上の必要性を訴えた

【支えになったこと】
・職場外で自分の体験や考えを共有できる場所(私にとってはこの書籍プロジェクトや多様性に関するワークショップ運営等)
・メンターになってくれる先輩や同じようなしんどさに立ち向かっている友人

・怒りを爆発させたり、泣きついたりできる職場内の仲間

　【やってみたこと】の多くは、以前勤めていた際も気になっていた。しかし、ＡＯＰを知る前の自分は「違和感」を言葉にすることはできず、見て見ぬふりをしていた。では、今回の行動は、ドラマのように劇的な変化をもたらしたのだろうか。残念ながら答えは No だ。何度、差別的と伝えても「外人」「黒人」「(国籍) 人」という言葉はあいかわらず飛び交っていたし、世界地図は貼られたままだ。意を決して伝えた管理職への訴えは、なんと話している途中で席を立たれてしまった。「カナダに行って面倒くさくなったね」と、明らかに距離ができた人もいる。嫌がられるのをわかっていながら言葉を選んで思いを伝えるのは、その度にとっても疲れ、ストレス性蕁麻疹も出た。問題意識センサーをオフにしていたときは素通りできたのに！

　リスクを取って行動した結果何も変わらないのなら、黙ったままのほうがよかった？　その答えもやはり No だと思う。例えば完全に黙殺された管理職への訴え——でも、その顛末を隣で見ていた職員が、真っすぐ目を見て、「私も仕事をしていて、そう思うことがあります」と言ってくれた。応援してくれる仲間も少数だができた。その場では無視されたけれど、伝えた言葉が相手のなかに、小さな種を植えつけたかもしれないし、それが何かのきっかけで芽吹くこともあるかもしれない。私は、そう思うことを選ぶ。

　福祉職員の多くは、人への関心が高い人。誰かに嫌がられたり、距離を取られたりすると、人一倍、ダメージを受けがちではないだろうか。でも、誤解を恐れずに言えば、職場で重宝され、同僚に好かれるために、私は福祉の現場に立っているわけではない。幸せに生きる人を増やすためにいる。そのことを思い出させてくれたのは、自分自身のささやき声と、それに共鳴してくれた人たちだった。

第Ⅲ部

ＡＯＰと日本の現状

5　日本のソーシャルワーカー教育とＡＯＰ

──社会福祉専門職教育に今こそＡＯＰが必要な理由

茨木尚子

はじめに──カナダのソーシャルワーカーからの問い

「どうして日本ではソーシャルワーカーは国家資格なの？　国家から認定されたワーカーは、国や自治体に対してソーシャルアクションを起こすことができるのかしら？」

これは 2003 年に初めてカナダに滞在した際に、大学院で学んでいる社会人学生から、日本のソーシャルワーカー（以下、ＳＷ）が国家資格であると話した際に、投げかけられた言葉である。民間ホームレス支援組織でＳＷとして働いていた彼女は、州政府など行政に対して制度改革を求め運動することが、ＳＷの重要な業務であるという意識が強い人であった。その仕事のスタンスからすると、ＳＷが国家資格となることで、行政に対して強い運動を展開することができるのか、国家資格ではそういった動きができなくなるのではないのかという率直な疑問であった。

この疑問は、至極まっとうである。行政の政策に対して、疑問を呈し、批判し、新たな政策を求めて活動する専門職を、国家資格化するというのは、ある意味で矛盾に満ちている。その意味で彼女の疑問に共感した。しかし同時に、日本では国が認めた専門職でないと社会的に認知されず、行政に対する意見を専門職集団として表明することも難しいという現実もある。名称独

占とは言え、21世紀に入り、次第に相談機関等を中心に社会福祉士の常勤の配置が促進されており、これからＳＷとしての社会的活動の幅も広がるのではないかという期待もあった。

　さて、国家資格化から30年以上経過し、現在の社会福祉士、精神保健福祉士登録者総数は32万人を超えている。果たして、日本のＳＷは国家資格化することで、社会的認知が進み、発言力を増し、行政に対してソーシャルアクションを展開する力量を獲得するようになったと胸を張って言えるだろうか。確かに、社会福祉現場では資格所持者が増えており、その専門職組織も、全国・地方でネットワークを広げてきている。しかし、そういった組織が国や地方自治体の社会福祉政策に対して、公的福祉の支援体制が揺らいでいることへ、専門職集団としての対抗措置を取ることができているだろうか。残念ながら、答えはNoと言わざるを得ない。

　むしろ社会福祉士会等の専門職集団は、国の社会福祉制度改革の方針を先取りするかたちで、地域における自助・共助システムを構築することに主眼を置くコミュニティワークについて、これからのＳＷの主要な機能として強化すべきであるとし、積極的に国の求める方向性に沿ったソーシャルワークを推進しようとしているようにみえる。またそれを受けて、ＳＷ養成教育機関は、その目的に沿った教育プログラムの開発に力を注いでいる。一方で、国の制度改革における公助の後退、とりわけ公的扶助などの経済給付の削減問題や、介護保険の利用抑制の動向について、ＳＷ組織としての明確な態度表明や、それに抗う社会的運動は積極的に行われているとは言い難い状況にある。

　さらに言えば、格差からくる貧困問題や、障害のある人や家族等、マイノリティと言われる人々への社会の抑圧について、その構造をどう考え、対処していくべきかという議論は、必ずしもソーシャルワークの中心的テーマとして捉えられているとは言い難く、反抑圧的な活動に積極的に取り組む社会福祉士や精神保健福祉士は全体的には多いとは言えない。むしろ、与えられ

た制度の枠組みのなかで、その制度をどう適正に活用していくのかに主眼を置く業務が、社会福祉専門職業務の主流となっているようにもみえる。

　社会福祉専門職として、批判的（クリティカル）な視点は必要とされながらも、日本の福祉現場の実践ではそれが主流とはなっていない。その点について、自分自身も、社会福祉専門職教育に長年携わってきた者として、批判的な視点を持つＳＷ教育を実践できてきたのかと問われると自信を持って頷くことはできない。国家資格カリキュラムについての「あきらめ」から、思考停止している教育側の状況もある。

　こういった状況がなぜ生まれているのか、ここではまず日本のＳＷの国家資格化への道程を振り返り、その結果として現状でのソーシャルワーク教育がどのような問題を生んでいるのかについて述べたいと思う。現状のソーシャルワーク教育のあり方を改革するためには、まずその歴史的過程を知ることが重要である。それを知ることで、新しいソーシャルワーク教育への政治的アクションをどこから、どのように起こしていくべきかが明確になるからである。その改革のためにＡＯＰを日本のソーシャルワーク教育へ導入する可能性についても考えたい。

日本におけるＳＷの位置づけと国家資格化への経緯

　まずは、日本のＳＷの国家資格化の過程を大まかに振り返ってみたい。日本の社会福祉政策は、ＧＨＱの占領期にその骨格を構築し、日本国憲法の下、社会福祉の支援対象別に各種福祉法を制定してきた。特に貧困対策については、新たな生活保護制度を実践する公務員として、公的扶助ケースワーカーが早い時期に配置された。この公的扶助ケースワーカーの任用資格として、社会福祉主事が社会福祉事業法（現・社会福祉法）に規定されたのが、社会福祉専門職の端緒である。

　その後、社会福祉主事は、増設されていく社会福祉施設で働く職員にも任

用資格として適用されていくこととなる。特に、福祉施設では、利用者の日常生活の直接支援に携わる保母、寮母職と分業するかたちで、生活指導員など、生活相談や施設の管理的業務に携わる職員の任用資格とされた。今改めてみると、そもそも施設の職員のなかで、男女の性別役割分担が当たり前のようにあったことがわかる。保母、寮母と、ケアに直接かかわる職員については、女性に限定した名称がつけられており、福祉の現場で保育や介護を直接担う仕事は主に女性に、そして入所者やその家族の相談や施設の管理業務は主に男性が担う、という専門職として想定していたことが、その職名からも想像できる。

　社会福祉主事は、公務員の専門職としてスタートしており、社会福祉制度について、実践レベルで提供する専門的支援者としての資格化を諮ったものとも言える。しかし、主事資格は、「三科目主事」と揶揄されるように、短期研修の座学の講義受講で取得できること、またほぼ文系大学では教養科目の履修のみで資格が取れるという、極めてあいまいな資格であり、必ずしも社会福祉学を専攻しなくても取得できるものであった。

　これは、戦後その需要が高まっていた公的扶助ワーカーを全国的に配置する必要があったこと、その後増大する施設職員の任用のために、資格取得ができる対象を広げざるを得なかったこともその理由として考えられる。しかし、その後社会福祉士が資格化され、その取得者が一定数存在する現在でも、公的扶助ケースワーカーの任用資格は、社会福祉主事のままであり、社会福祉士や精神保健福祉士が任用資格とはなっていない。そこには、福祉専門職として正規の公務員を配置することに否定的な行政側の強い意図が感じられる。

　1970 年代になると、社会福祉教育組織を中心に、あいまいな専門職である社会福祉主事ではなく、より高い専門性を持った資格化を望む声が高まってきた。この時代の社会福祉職は、行政の公的扶助ケースワーカー（現業員）等と、民間では社会福祉法人職員として、児童、障害、高齢者施設等の職員

として働く職員がほとんどであった。一方で医療ＳＷについては、早くは戦前から、先駆的な医療機関を中心に活動を展開してきた。しかし、その支援は医療保険適用外であり、一部のその必要性を認めた医療機関を除き、多くの医療機関では医療ＳＷを配置しておらず、社会的認知も全体としては低い状況が続いていた。

この時代のソーシャルワーク教育は、もっぱら欧米の理論を基盤としており、欧米の理論を中心にケースワーク、グループワークといったミクロレベルでのソーシャルワークを学問として教えることが中心であった。一方で、社会福祉政策に関しては、主に経済学的観点からの政策論が中心であり、ソーシャルワーク方法論と政策論の関係性についてどちらが社会福祉学の本質なのかという論争が起こっているという状況でもあった。

私は、1980年代半ばに大学院で社会福祉学を学んだが、社会福祉原論では、もっぱら経済学者の社会福祉政策に関する学問的理論について学び（孝橋理論等）、一方それとは別次元で、その時代の最先端の北米のソーシャルワーク理論について、英語文献を苦労しながら学んだという記憶がある。地方公務員として障害者福祉実践を体験した立場で、特に現場で感じた疑問をどう解決できるかについて学びたいと考えていた筆者にとって、社会福祉学の大学院での学びは、学問的興味は湧いたものの、実践と理論、とりわけ現実の社会福祉実践とソーシャルワーク理論とを関連づけて学びを深めていると感じることは、正直できなかった。

さて、社会福祉の専門職化を求める声は、1970年代になると具体的に検討されていく*1。1969年に厚生省中央社会福祉審議会に設置された社会福祉職員問題専門分科会では、今後計画的に増設する社会福祉施設の職員について、その待遇向上のための質的強化をどう進めるかが議論の中心となった。この議論を受けて、1971年には、「社会福祉専門職員の充実強化方策としての『社会福祉士法』制定試案」が策定された。この試案では、高度成長期の日本の社会的状況について、世界の注目を浴びる経済的発展を成し遂げた一

方、「その陰に人間疎外の問題を含む新しい福祉ニードが表面化している」と明確に表現している。さらにそういった社会的状況に対して、社会福祉を「民主社会の理念に基づいて個人の物質的・精神的諸欲求を、その満足すべき水準で充足しながら、個人の内面を強化し、あるいは環境の調整改善をはかる専門的援助過程であり、それを支える制度体系の総称である」と規定している。そしてその機能については、「対象者の人間的機能、すなわち、社会環境に自ら関係づけ、主体的に生きる力を保持し強化することである」と述べている。

この試案で注目したいのは、欧米のソーシャルワークの定義も考慮に入れたうえで、日本の社会福祉専門職員が目指すべき方向性や担うべき役割について具体的に示している点である。高度経済成長の陰で起こってきた社会的問題に対して、物理的、精神的両面において充足しつつ、個人と社会環境の両面の調整改善をはかる専門的援助と制度体系が社会福祉である、と明確に示されている。しかし、現在の国家資格につながる 1980 年代の議論やその制度化において、その時代の社会状況の課題を示したうえでの社会福祉学そのものの定義や、またその社会的機能についての検討が十分になされたと言えるだろうか。少なくとも 1987 年に成立した法律では、社会福祉士の業務内容が記されているだけで、業務の目指すべき方向性を示した定義や、その機能については示されていない。

1971 年の社会福祉士法試案に戻ると、そこでは、公私、職種を超えて、

＊1　社会福祉専門職の 1970 年代から国家資格化までの経過については、以下の文献を参照した。

浅原千恵、2017、「ソーシャルワークとケアワークの分離に至る過程：『社会福祉士法試案』から『社会福祉士及び介護福祉士法』成立までの議論分析」『日本福祉大学社会福祉論集』136 巻 39-64 頁、日本福祉大学社会福祉学部。
京極高宣、1987、『福祉専門職の展望』全国社会福祉協議会。
奥田いさよ、1992、『社会福祉専門職性の研究』川島書店。
秋山智久、2007、『社会福祉専門職の研究』ミネルヴァ書房。

包括的な社会福祉専門職として、「社会福祉士」を創設するべきとしている一方で、4年生大学で社会福祉学を専攻した者は第一種社会福祉士とし、保母養成などの短大で社会福祉学を学んだ者は第二種社会福祉士と規定している。この学歴で差をつけるということに対して、現場からの強い反発もあり、結局この試案による専門職制度化は流れた。社会的状況をみると、1973年に起きたオイルショックにより、社会福祉施設増設計画は頓挫し、施設職員体制を質的、量的に整備していくことは、国の保健福祉行政の主要なテーマから下ろされ、その資格化が立ち消えたのではないかとも思える。

　1980年代半ばになると、再び国家資格に向けての議論が盛り上がる。その背景には、高齢者領域における介護需要の高まりと、それに向けての制度改革が必要となったこと、介護職員の専門性を高めることにより、介護サービスのマンパワー供給を高める必要性が政策サイドにあったことがあげられている。ケアワーカーの国家資格化に向けた機運が高まってきたことで、この機会を逃さないよう、ケアサービスの調整を目的とした相談援助（ケアマネジメント）を行う専門職として再びＳＷの資格化に向けての動きも活発になっていった。本来は、この議論で、ケアワークと相談支援が分離されるべきであるのかについて、例えばケアと相談支援が一体に行われている福祉施設職員の専門性についてどう考えるか等、資格間の問題が十分に検討されるべきであった。しかし今後需要が高まる高齢者福祉サービスの振興が急務となり、そこに必要な人材の品質保証のために、高齢者在宅サービスの職務分担モデルを資格の設計に取り入れるかたちで、1987年に、社会福祉士及び介護福祉士法が制定されることとなった。

　一方、このとき、特に医療機関で働くＳＷを社会福祉士の国家資格に含むか否かが議論となったことを記憶している。医療機関の専門職は、医師の指導のもとに医療職のみで構成されるべきという日本医師会等の強い反対があり、結果として歴史的にも最もソーシャルワーク的機能を業務内容として意識してきた医療分野のＳＷを資格から除外するかたちでの資格制度となった。

このように様々な関連団体の思惑もあり、政治的妥協の結果としての資格制度の成立であった。

　こうして振り返ると、結局社会福祉専門職化の動向は、絶えず国の社会福祉政策に翻弄されてきたことがわかる。その政策自体も、そのときどきの福祉問題に対して手をつけざるを得ない状況に迫られ、後追いで対応していくというものであることは否めない。こういった福祉政策の展開では、これから日本で社会福祉専門職をどう位置づけ、資格化していくべきかという社会全体の深い議論が起こりようもなかったとも言える。国としては、1970年代は、増設せねばならない社会福祉施設の職員確保のため、また1980年代以降は、高齢者福祉を中心とした在宅、施設のケアワーク（ケアマネジメントを含む）に携わるマンパワーの確保のために、国家資格化を諮ったということになる。本来、支援の専門職とは、それを必要とする対象者側の要請があって、初めて成り立つものであるが、1980年代の国家資格の成立過程において、広く国民的議論がなされた記憶はない。「小さく生んで、大きく育てる」という言葉が当時厚労省側から語られたことを記憶している。資格はつくった後、それをどう育てていくかが重要とも言われた。

　国家資格創設から30年以上が経過し、21世紀になると、2007年、2019年と、二度にわたり大きな資格制度改正が行われた。そこで、社会福祉専門職の資格制度は、日本の現状を踏まえて、誰のための、なんのための資格なのかという原点に立ち戻り議論が進められてきたと言えるだろうか。とりわけ、2019年の改正は、新たな社会保障制度の枠組（そこにはあきらかに公助の後退が見られるのであるが）に沿ったかたちで、国家資格の教育内容を変更し、国の地域共生政策により親和性を持った「コミュニティワーカー」を養成するという意図を明確に示したものである。

　本来は、経済格差が広がり、貧困層が増加していると言われる現在の日本で、自助、共助が強調され、公助の基盤が揺らいでいることに危機感を持ち、そこに積極的に意見表明し、本来のソーシャルワークの機能とは何かについ

て、より深い議論がされるべきではなかったのか。そして、そこから新しいソーシャルワーク教育のありようが問われるべきではなかったかと思う。今回のコロナ禍で一層の経済的格差が広がることが予測されるが、今回改正された新しい専門職教育は、今後ソーシャルワークの目指すべき内容となっているのか、今こそ批判的な検討が必要と強く思う。

日本の「ソーシャルワーク」教育の現状と問題

1987年に国家資格化されて以降、日本のソーシャルワーク教育は、その教育内容の中心（というより、ほぼ大半）は、社会福祉士、精神保健福祉士、（介護福祉士）等の養成カリキュラムにより占められてきた。特に国家資格成立以降に急増した社会福祉学関連の新設学部・学科は、ほぼ国家資格カリキュラムをその教育の柱としてスタートしている。それ以前からの既存学部も、資格制度導入後は、独自の教育体系から国家資格科目を中心とする教育体系に変更せざるを得なくなった。

2016年の法律改正により、実習や演習科目の時間数の増加や、指導強化（配属実習では1週間に1回の帰校日等、教員の指導時間の確保など）が盛り込まれ、一層その教育内容の大半が資格取得のための科目で占められていくようになった。それまでは、例えば「高齢者福祉論」という対象別の国家資格の科目名が、「高齢者の支援と介護保険制度」といったように、明確に現状の制度内容を学ぶという科目名に改められたことで、より現状の制度との親和性が強調される内容となった。演習、実習科目については、質量両面での強化も図られたが、とりわけ実習では、配属実習において、個別の利用者の支援計画案を実習生に策定させることが実習内容として明記され、現場指導者についても、資格取得者で、かつ実習指導講習を受講した者でなければ指導に当たることはできないこととなった。

もちろん実践力を養成するために、演習、実習科目の質を上げることは必

要ではある。ソーシャルワークでは、利用者を多面的に知り、そのニーズを理解することなく、その個別支援計画を立てることは不可能である。その意味で、限られた実習時間でプランニングまで行うというのはそれ自体困難であり、実際には、実習生は、施設や学校が策定したマニュアル化したプログラムに基づいて、支援計画を策定することになっていく。既存のアセスメントシートをもとに、ケース記録や短時間での利用者との面接で空欄を埋めていき、そこからその利用者の支援計画まで導いていくという指導が、実習指導では行われている場合もある。マニュアルに基づいた支援方法を身に着けてしまうと、そのマニュアルでは対応できない人に対して支援をする力量を育てる機会を奪うことにもなってしまう。例えば、介護保険の要介護認定や、障害者の要支援認定に基づいて、その枠内で制度利用をすることを前提に支援計画が策定されていくことに疑問を持たない、むしろそういった支援に親和性が高い支援者を育成していることに益々拍車がかかっているように思われる。

　もちろん養成している側としても、こういった資格科目の問題は自覚しており、なんとかそれ以外の科目で新しい社会福祉の課題を発見できるような科目を配置し、既存制度を超えた支援に目が向くような教育内容を考えようとそれぞれ工夫はしている。しかし独自の科目を配置しても、資格取得を目指す学生は、当然ながら国家資格科目を優先的に履修し、独自に配置している関連科目をさらに履修しようとする者はそう多くはない。例えば、勤務する大学では、日本に住む外国人の生活問題は、これからの社会福祉のより重要な領域になるだろうということで、「内なる国際化」を対象とした国際問題に関する新設科目や、実習科目を設定しているが、それを履修する学生は限られている。学生いわく、国家試験の科目や実習、演習の履修が最優先なので、「そこまで手が回らない」ということである。つまり資格科目がその時間数を増やせば増やすほど、それ以外の内容について学ぶことへの学生のモチベーションを下げていくことになる。社会福祉の支援は、まさに繰り出

し梯子のように、新しい対象やそのニーズに応えていくかたちで発展してきたものである。現在の福祉制度だけがソーシャルワークの範囲ではなく、新しいニーズを発見し、そこに新しい福祉活動を考え、生み出していく力を育成することこそ、ソーシャルワーク教育の重要な柱となる。その過程について学ぶ機会を、制度の枠内での知識や実践学習を重視した国家資格カリキュラムが奪っているようにも思える。

　資格化される以前、1980年代半ばに、某大学で実習助手をしていた際、その大学では1年生の夏休みに、すべての学生が、自らの居住する、もしくは帰省する自治体の福祉事務所を訪問し、そこで働く生活保護ケースワーカーの話を聴き、自らの自治体の生活保護の状況についてレポートを書くという宿題を課していた。そのレポート内容をチェックするのが助手の仕事であったが、行政の仕事として仕方なくやっているという現業員の話から、専門性のない公務員がケースワーカーとしての役割を担うことの問題を批判的に分析したレポートも多くみられた。また逆に熱心に受給者家庭に赴き、自立支援を展開しているワーカーの姿に、公的扶助ワーカーの意義を見出したとするレポートもあった。社会福祉の制度と実践の間の矛盾等を生で知り、そのあり方を考えるという学びをこの宿題は提供していたと思う。

　しかし、国家資格制度ができ、現場も、資格実習を実施し受け入れる体制だけで手いっぱいになっていき、また養成機関側も、国家資格の演習、実習教育を充実させることに注力することで、独自のカリキュラムは、だんだんと隅に追いやられるか、型通りのプログラムに変更させられていくこととなった。

　こう書き連ねていくと、「資格制度化前の社会福祉学の教育はよかった」といった懐古的な感想になっていくのだが、決して昔に回帰すべきということを言いたいのではない。以前は、社会福祉実習に行くと、学生は現場の職員から「学校で習ったことは現場では役に立たない」とよく言われ、職人のように支援を「見て学べ、盗んで学べ」と言われていた。今はそうではなく、

現場の指導者も、学校での学びと実習での学びを結びつけていく必要性を理解し、学校と指導の協働体制が諮られ、その指導内容も一定の標準化が進んだことは否定しない。

　ただし、その標準化の前提として、どのようなＳＷを育てるべきなのか、どのような方向で育てていくのかについて、教育現場と実践現場での共通認識があるのかは明確となってはいない。教育カリキュラムの内容は共有していても、その教育プログラムが目指す専門職像や教育理念については必ずしも一致しているとは言えないのではないか。

　また、国家資格取得を中心におく社会福祉教育の最大の問題は、国家試験の合格を目指す教育内容になってしまいがちな点にある。社会福祉士、精神保健福祉士の国家試験については、毎年合格発表の際、養成している学校別に合格率が高い学校順に試験センターから公表される。それが、社会福祉学を学ぶことを志望する者の学校選択の際の重要な要素になっていることは否めない。合格率の高い学校は、大学案内に「現役合格率大学ナンバー１」などとＰＲし、学生募集の大きなアドバンテージとなっている。だからこそ、合格率を上げるために、国家試験対策の補習や個別指導を行う学校がほとんどになっている。

　社会福祉専門職の国家試験は、他の医療、保健専門職等と同様に、五者択一問題によるマークシート方式の筆記試験である。ソーシャルワークに関する設問もすべてその方式であり、事例を読んで、正しい（適切な）、もしくは適切でない支援を選択するという問題が出題される。正解を選択する試験問題は、そこにあいまいさは許されず、正誤が明確な選択肢になっていなければならない。こういう設問は、医学など理系の知識を問う問題には親和性があるが、果たしてソーシャルワークという多様性を尊重し、利用者の個別性を重視した支援方法を問う試験方法として適切と言えるのだろうか。制度通りに運用するのであれば、コンピューター判定で十分可能であるが、制度に照らして Yes か No かの間にあるあいまいさをどう支援につなげていくのか

が要であり、そこが本来のソーシャルワークの機能なのではないか。

　一方で、「あくまで国家試験は、ソーシャルワークの知識を問う試験であり、支援の力量を問うこととは別問題であり、それは現場での研修等で磨かれるものである」とも長年言われてきた。確かにそうであるが、国家資格合格を目標にして、その教育カリキュラムを中心に学び、補講などを通して合格を目指す人たちが、これとは別のソーシャルワークの学びがあると了解し、それを主体的に学んでいくことができるだろうか。現制度を熟知し、そこから正しい利用方法を選択し、個人に当てはめていくという支援が、ソーシャルワークの本質ではないと主張しても、教育の場で、その国家試験勉強に慣らされてきた多くの人たちにとっては、それが説得力のある主張になるとは思えない。

　大学入試で新たに導入された共通テストですら、選択肢から正答を選ぶマークシート方式だけでは学生の思考力が反映されないとして、国が記述式試験の導入を提案したことは記憶に新しい。まして個別の人間の生活状況を理解し、その人にあった自立を目指す支援の担い手としてふさわしい知識や思考を問う社会福祉専門職の国家試験が、選択式の問題の正答率だけで判断されていいのであろうか。

　今改めて資格化以降の教育の変化を振り返ると、冒頭に述べたカナダのＳＷの疑問にあるように、国家資格になることで、ＳＷが失ったものはかなり大きいのかもしれないと感じている。もう一度、国家試験のあり方そのものも含めて、より積極的に問い直し、改革に向けて議論していかねばならないと思う。

日本のＳＷ教育とＡＯＰの可能性

　その見直しのために、ＩＦＳＷ（国際ＳＷ連盟）によるＳＷのグローバル基準である「疎外された人々、社会的に排除された人々、ホームレス、脆弱

な状況にある人々の集団のインクルージョンを促進する」、「社会的障壁、不平等、不公正に対処し、挑戦する」ことがＳＷの使命であることを、改めて掲げておきたい。

　私の社会福祉の教育現場での経験も、すでに35年以上になる。そこで最近感じることは、社会福祉学を志向する学生たちの質がかなり変わってきていることである。かつては、「社会の不平等を変えたい」とか、「なぜ貧困が生まれるのか考えたい」といったいわゆる社会的な問題意識を持って社会福祉学の扉をたたく学生が大半であったように感じる。また彼らから実習などを通して、施設や機関の問題点を指摘する声を聴くことも珍しくなかった。

　最近では、問題や改善すべき課題について、実践を「批判的」に捉えることから、社会福祉を学ぶ学生が少なくなっていることを感じる。実習施設や機関で、なんらかの違和感（おかしいとか、モヤモヤした疑問）を持ったとしても、むしろ「批判してはいけない」という規制を自らにかけている学生が多いことにも気づかされる。

　この傾向は、社会的状況について批判的に見る、主張するということについて、「反対するなら対論を出せ。代替案を出せないのなら批判するな」といった今の日本全体の空気観もあり、社会福祉を学ぶ人たちだけの特性ではないのかもしれない。しかし、社会福祉学の目的が社会的公正の実現であるのだとすれば、あるべき社会にどう近づけていくのかという学問的視点を持つことは重要であり、そのために何が現状では問題なのかという批判的議論は必要不可欠なのではないだろうか。それがないまま、既存の制度の枠組みに疑問を持たず、困っている人たちを支援することだけで、果たしてソーシャルワークを学んでいると言っていいのだろうか。

　この数年、若いＳＷや教育研究に携わる人たちから、「ソーシャルアクションの重要性」を主張する声が聞こえてくる。また、実際に貧困者への支援の領域などで、国の制度に批判的な実践を展開する人たちも増えている＊2。かつて、「旗振りワーカー」という言葉を現場の実習指導者から聞いたこと

がある。いわく「〇〇大学出身者は、旗振りワーカーが多くて困る。」と。その意味が最初はわからず、後で組合運動の旗を振りかざすという意味なのだと知った。個別の支援を必要とする人を助けることがケースワークの課題であるのに、制度的問題を声高に叫び、目の前にいる人を救わないのは本来のケースワーカーではないという見解であったのだろう。当時、社会福祉学を体制批判学であるとし、制度批判をするだけに終始する者への痛烈な批判がそこには込められていたのだと思う。

　一方で既存の制度を批判する視点を失い、ただ制度の枠内で対象となる人を支援していくだけで、果たしてソーシャルワークの本来の働きと言えるのだろうか。特に制度自体が矮小化していくなかでは、なおさら制度への批判的な視点とそれを変えていく働きかけが必要不可欠ではないだろうか。その意味で、国家資格成立以降に社会福祉学を学び、現場実践している人たちのソーシャルアクションへの渇望は、それ自体新たな改革につながるものとして大いに期待したい。

　そのうえで、本来のソーシャルアクションを起こすことのできる支援者を育てるソーシャルワーク教育とはどのようなものなのだろうか。今回のカリキュラム改正では、「ソーシャルワーク」という科目名が新たに導入され、その内容にソーシャルアクションという項目も示された。これまで社会福祉相談援助など矮小化された日本語名で呼ばれていた科目の名称変更であり、そこにはソーシャルワーク教育に携わってきた人たちの国への地道な働きかけがあったことは想像に難くない。しかしソーシャルワークとなったことで、その教育内容はどう変わるべきなのか。そこにソーシャルワークの国際定義

*2　ソーシャルアクションの重要性や、社会や制度の変革を志向するソーシャルワークのあり方を述べた比較的最近の出版物としては以下のものがある。
木下大生、鴻巣麻里香編著、2019、『ソーシャルアクション！あなたが社会を変えよう！はじめの一歩を踏み出すための入門書』ミネルヴァ書房。
鶴幸一郎、藤田孝典、石川久展、高端正幸著、2019、『福祉は誰のために』へるす出版。

である「社会的公正」「社会的正義」はどう反映されるのか。ソーシャルアクションが矮小化されず、本来の意味で社会公正の実現につながるソーシャルアクションの学びが実現されねばならない。

　カナダでは、21世紀のソーシャルワーク教育の基盤として、ＡＯＰを導入した。さらに先住民族への同化政策に基づく過去のソーシャルワークのあり方を反省し、その歴史的トラウマを視野に入れた教育プログラムを構築している。日本においても、これまでの社会福祉実践を振り返り、ソーシャルワーク教育の内容に変革を起こす必要を強く感じる。特に本来のソーシャルワークの目的である「社会的公正の実現」に向けて、過去から現在に至る日本の社会構造を分析し、社会福祉実践が果たしてきた役割（負の側面も含めて）学んでいく教育内容も必要ではないのかと考えている。

　例えば旧優生保護法において、社会福祉実践者はどのようなスタンスで障害者の強制不妊手術について考えてきたのか、または考えてこなかったのかといった問題についても真摯にその歴史を振り返り、そこからソーシャルワークのあるべき姿を議論することも必要なのではないだろうか。またＳＷやそれを目指す学生たちが、抑圧構造における自らの位置づけに自覚的であることも、多様化する社会における支援者として重要と思う。そのためにも、性的指向性、家族、民族、文化等、多様な社会の抑圧構造を具体的に学ぶための教育プログラムの必要性も強く感じる。既存の福祉領域を越えて、多様な抑圧に対抗する運動についてより理解を深め、その運動から学ぶことも必要となるだろう。ＳＷの国際基準をもとにした日本のこれからのソーシャルワーク教育を考えるうえで、まずは社会の抑圧構造に焦点を当て、その抑圧に対抗する実践を学ぶＡＯＰを日本の社会福祉教育の基盤に据えて、その教育のあり方を現場から変えていく必要性を今強く感じる。

参考文献

三島亜紀子、2015、「ソーシャルワークのグローバル定義における多様性（ダイバーシティ）の尊重 – 日本の社会福祉教育への「隠れたカリキュラム」視点導入の意義」『ソーシャルワーク学会誌』30・31 巻 1 – 12 頁、日本ソーシャルワーク学会。

田川佳代子、2015、「社会正義とソーシャルワーク倫理に関する一考察」『社会福祉学』56 巻 2 号、日本社会福祉学会。

児島亜紀子、2019、「反抑圧ソーシャルワーク実践（AOP）における交差概念の活用と批判的省察の意義をめぐって」『女性学研究　Women's studies review』26 巻 19 – 38 頁、大阪府立大学女性学研究センター。

6 精神障害と抑圧・反抑圧

竹端　寛

半世紀変わらない抑圧構造

　1998年に大学院の修士課程に入ったとき、私の指導教官は大熊一夫であった。大熊は朝日新聞記者だった1970年2月にしたたかに酔っ払い、アルコール依存症のふりをして精神病院[*1]に「入院」し、劣悪な精神医療の実態を新聞に連載。当初から大きな反響を呼び、1973年に著作化された『ルポ・精神病棟』（朝日新聞社）の著者であり、福祉現場の様々な課題を炙り出す著作を出し続けた著名な福祉ジャーナリストである。

[*1]　じつは2006年に施行された「精神病院の用語の整理等のための関係法律の一部を改正する法律」において、法律上では「精神病院」を「精神科病院」と呼び変えるように、名称変更がなされた。その法改正の理由としては、「精神科医療機関に対する国民の正しい理解を深めるとともに、精神科を受診しやすい環境の醸成に資するため、精神保健及び精神障害者福祉に関する法律等における『精神病院』という用語を『精神科病院』という用語に改める等の必要がある。これが、この法律案を提出する理由である」とされている。
　だが、本文を読んでいただければわかるように、精神科医療機関への偏見は、「精神病院」という名称にあるわけではない。「精神科病院」と言い換えたところで、やっている内容が抑圧的であれば、「国民の正しい理解」なるものも進まない。そして、この本では昔から変わらない精神医療の抑圧構造を一貫して取り上げるために、あえて法律用語を使わず、以前から用いられている「精神病院」で表記を統一することにする。

私は元々ジャーナリスト志望だったので、この本の存在は大学生の頃から知っていたが、タイトルが恐ろしくて未読のままだった。当時の私が抱いていたのは、「精神病院では、狂った人が叫びながら追いかけてきそうで、怖そうだ」という精神病や精神病者への無知・偏見に基づく恐ろしさだった。だが、彼に弟子入りして学び、この本を読んで知ったのは、それとは全く位相を異にする、別種の恐ろしさであった。半世紀前の新聞連載の第一回には、このようなフレーズが書かれていた。

　　日本医師会の武見太郎会長は、「精神病院の経営者は牧畜業者と同じである」と、かつて述べた。病む心と医師がふれあう所が病院であって、ここは「病院」の名を語る「人間の捨て場所」であった。医師との接触はほとんどなく、入院したが最後、病状も退院時期もわからない。(1970年3月5日『朝日新聞』夕刊、大熊 1973 = 1981: 10 - 11)

　精神病が理解不能で恐ろしいのではない。真に恐ろしいのは、心病む人が癒やされる場所だと私が勝手に思い込んでいた精神病院という存在が、「医師との接触はほとんどなく、入院したが最後、病状も退院時期もわからない」「人間の捨て場所」であったということだ。
　大熊は精神病院の本質を「縛る、閉じ込める、薬漬けにする」と言い切る。身体拘束や隔離、薬物による行動抑制などが、「治療のため」という名目で、合法的に許されている。そのような強制力が行使され、密室で閉鎖性の強い環境であるがゆえに、医療関係は支配－服従関係に転化しやすく、様々な虐待事件も起こり続けてきた[2]。
　そして、日本は今なお世界最大の精神病院大国である。人口1000人当たりの精神科ベッド数のＯＥＣＤ平均は0.7ベッドであるが、日本はその3倍以上の2.7ベッドもある。病床数としては、30万床を抱え、そのうちの85％は営利を目的とした民間病院のベッドである。また病床のうち開放病

棟は29％しかなく、隔離された閉鎖病棟が中心であり、1年以上の長期入院が全体の62％を占める。さらに非自発的入院の数も多く、18万人以上の人が強制入院（措置入院・医療保護入院）患者である。また、身体拘束や隔離も一日当たり1万2千件以上も行われている。多くの精神障害者の自由が剥奪されているのが、日本の精神医療の現状である＊3。

　精神病棟が「問題」なのは、精神障害者の言動ではなく、むしろ精神病棟の権利侵害構造である。私がそのことを深く学んだのは、NPO大阪精神医療人権センター（以下、人権センターと略）とのかかわりのなかであっ

＊2　大熊がこのルポを新聞連載してから50年後の新聞にはこんな事件報道がなされている。

　「神戸市西区の神出病院の看護師らが入院患者を虐待したとされる事件で、兵庫県警捜査1課と神戸西署は24日、患者の頭にガムテープを巻いたり、患者同士でわいせつな行為をさせたりしたとして、27歳の元看護助手の男＝神戸市西区＝ら4人を準強制わいせつや暴行の疑いで再逮捕した。この事件では看護師ら6人が逮捕されているが、6人は『仕事上のストレス発散だった』『（患者らは）伝える能力がなく、何をされたか理解していない』などと話しているという。神戸地検は同日、6人を監禁や準強制わいせつなどの罪で起訴した。」（2020年3月24日『神戸新聞』）

　この事件は、半世紀以上にわたって日本の精神病院で起こり続けている事件構造を、残念ながら「踏襲」している。監禁や準強制わいせつなどの犯罪行為をしているにもかかわらず、「仕事上のストレス発散だった」「（患者らは）伝える能力がなく、何をされたか理解していない」という理由で発覚せずに放置されてきた。事実この事件は、主犯格の男が病院とは別の場所で起こした強制わいせつ事件で逮捕され、警察が容疑者のスマホを調べていたら、虐待動画が残っていて初めて発覚した。病院への行政監査や精神医療審査会といった既存の権利擁護システムでは全く露呈しなかったのである。そして、そのような虐待行為が、別件逮捕されるまで、病院内部で黙認されていたのである。

　この事件の直接的加害者は、容疑者6人である。だが、容疑者たちだけの問題には思えない。このような事件が黙認されるような病院組織構造や、そもそも精神病院は障害者虐待防止法の通報義務の対象ではない、という精神医療の法制度上の課題も含めて、残念ながら日本の精神医療は権利侵害の温床になっている。

た＊4。人権センターでは、大阪府内の精神科のすべての病棟を訪問して、その様子を報告書にまとめている。すると、21世紀の精神病院の現状が、リアルに見えてくる（以下の内容は複数病院から抽出）＊5。

＊3　それだけではない。この自由剥奪の傾向は21世紀になって強化されている。隔離や拘束がむしろ増えているのだ。精神保健福祉資料（630調査）によれば、2005年には身体拘束が5,623件、保護室への隔離が8,097件だったが、2015年は身体拘束が10,298件、保護室への隔離が9,935件と増えている。隔離は約2,000件（25％）増、拘束に関しては約5,000件（50％）増である。この10年で、精神障害者が急に凶暴になった、とか、「問題行動」を起こす患者が急増した、という生物学的・医学的理由は考えにくい。であれば、なんらかの社会的理由、つまりは隔離や拘束された本人の病状以外での「社会的隔離・拘束」の増加を疑わざるを得ない。
　この社会的背景に関しては、有力な仮説が提示されている。精神科病院で働く人々の労働組合である全国精神医療労働組合協議会によれば、この10年で精神科のスーパー救急病棟が増え、その病棟では6割の患者が「非自発的入院でならなければならない」とする条件設定がされているがゆえに隔離・拘束が増えた、という仮説である。つまり、入院患者の理由でなく、病棟要件などの制度的な理由での隔離・拘束の増加、という、抑圧的なシステムは21世紀にも残り続けている。（「厚生労働省交渉要望書」2017年　https://seirokyo.jimdo.com/app/download/12938011392/2017%E5%8E%9A%E7%94%9F%E5%8A%B4%E5%83%8D%E7%9C%81%E4%BA%A4%E6%B8%89%E8%A6%81%E6%9C%9B%E6%9B%B8.pdf?t=1507954835）
＊4　人権センターは1985年に設立以来、病院訪問活動などを続け、劣悪な療養環境や権利侵害が常態化した大和川病院問題を世間に知らしめ、廃院に追い込むソーシャルアクションを展開した。現在でも入院中の精神障害者からの電話相談を受け付け、必要に応じて精神科病院に出向く面会活動も行っている。また、これらの内容に基づき、精神障害者の権利擁護上の課題を政策提言として大阪府や国、報道機関向けに意見書や要望書として伝える活動も行っている。私も大学院生の頃から20年ほど、人権センターの活動にボランティアとしてかかわり続けてきた。（「認定ＮＰＯ法人大阪精神医療人権センターＨＰ」https://www.psy-jinken-osaka.org/）。
＊5　次の報告書からランダムに抜き出した。（「大阪府内の精神科病院の情報」認定ＮＰＯ法人大阪精神医療人権センター　https://www.psy-jinken-osaka.org/visit/report/）

・患者から「大声を出したら、『罰として』という説明で隔離室に入れられた」「自分は隔離室に入ったことはないが怖い部屋と聞く。入らないように問題を起こさないようにしたい」との声があった。
・患者から「退院の目途は聞いていない」「退院のことは分からない」「主治医は退院の計画については『父親が来たら話そう』と言うだけで、私には聞かせてくれない」「主治医とは殆ど話をしない」との声があった。
・今回は１階病棟のトイレでは、尿や便の臭いがした。複数のトイレで、便が溜まったままになっていた。また、小便器でも小便が垂れ流しになり、汚れているところがあった。
・夜間のみ拘束の患者がベッドについている拘束帯を見せて「食事は皆と一緒に食べて昼間は自由だが、夜は拘束帯２本で拘束されている」と説明してくれた。

　上記のような実態を見聞きするにつれ、真に恐ろしいのは、精神病や精神障害者ではなく、精神医療における抑圧構造である、と認識するようになった[6]。そして、精神医療における抑圧構造の問題を考える際、この問題が半世紀以上放置されている理由についても、目を向ける必然性に迫られた。それは、精神病院に恐れを抱いた、己の偏見そのものとも向き合うことにつながった。

エリー湖の狂気

　自分の関心は自分であり、自分の会社であり、自分の種だという偏狭な認識論的前提に立つとき、システムを支えている他のループはみな考慮の "外側" に切り落とされることになります。人間生活が生み出す副産物は、どこか "外" に捨てればいいとする心がそこから生まれ、エリー湖がその格好の場所に見えてくるわけです。このとき忘れられているの

＊６　精神医療の抑圧構造や人権センターの実践については竹端（2013）も参照。

は、エリー湖という精神生態的（eco-mental）なシステムが、われわれを含むより大きな精神生態系の一部だということ、そして、エリー湖が狂気に陥ったならば、その狂気は、より大きなわれわれの思考と経験をも病的なものに変えていくということです。（ベイトソン 2000: 640　一部筆者改変）

　上記の引用は、グレゴリー・ベイトソンの大著『精神の生態学　改訂第二版』に収められている「認識論の病理学（the Pathologies of epistemology）」というタイトルの一節である。この部分を取り上げて、社会生態学的アプローチを研究手法とする深尾葉子は次のように述べている。

　　エリー湖とは、アメリカの五大湖の一つで、1960 年代から 70 年代にかけて、周辺の工業廃水や家庭排水で深刻な汚染に見舞われた。それは物理的な「捨て場所」であったと同時に、自己の認識の外側に向けての、都合の悪いものの「捨て場所」、すなわち認識的な「捨て場所」でもあった。（深尾 2018: 5）

　汚染水という「都合の悪いもの」をエリー湖に捨てて、「自己の認識の外側」に追いやる。精神病の研究をしていたベイトソンは、エリー湖を精神病院と同種の存在と捉えていたはずだ。「人間生活が生み出す副産物」としての精神病は、「われわれを含むより大きな精神生態系の一部」と見なされないがゆえに、「どこか“外”に捨てればいい」とされ、精神病院という「考慮の“外側”に切り落とされる」。それは大熊一夫が半世紀前に見抜いた「『病院』の名を語る『人間の捨て場所』」そのものである。
　では、かつての私自身が「牧畜業者」の実態を知ろうとせず、精神病者の話を聞くこともないまま、精神病が恐ろしいと思い込み、偏見の眼差しを向けていたのは、なぜであろうか。私は何を恐れて、どのような「副産物」を、

精神病院という「認識の外側」に「捨てればいいとする心」を持っていたの
だろうか。精神病院という「精神生態的（eco-mental）なシステム」は一体何
であろうか。そして、精神病院自体が「狂気に陥ったならば、その狂気が、
より大きなわれわれの思考と経験をも病的なものに変えていくということ」
とは、一体何を意味しているのであろうか。

　上記に関連して、深尾は中国の黄土高原におけるフィールドワークに基づ
き、「構造」と「構造化のダイナミクス」の違いについて、以下のように述
べている。

　　　村において観察可能であったのは、村人同士が各々個別に展開する労働
　　　交換や情報の交換によって形成される「関係」のネットワークのみで、
　　　それは常に変化し、形を変えて存在し続ける。そこから抽出できるのは、
　　　構造そのものではなく、構造化のダイナミクスであり、動的なモデルで
　　　あった。（深尾 2018: 291）

　ここで言う「構造」とはA→Bという原因と結果が固定できる因果関係な
どを指し、「構造化のダイナミクス」とは変化し続ける関係の動的な動き、
と定義しておこう。精神医療での「構造」とは、ＤＳＭ（精神障害の診断と統
計マニュアル）やＩＣＤ（疾病及び関連保健問題の国際統計分類）などに代表さ
れる診断分類・疾患分類構造である。今日の精神疾患は、上記の二つの診断
分類に基づいて診察され、病状が確定する。だが、深尾はこの「構造」では、
現実に生起する現象の実像を捉えることはできない、と言う。その理由を以
下のように述べる。

　　　人為的要因と自然的要因が複雑に相互作用し、非線形性によって支配さ
　　　れる複雑な現象を理解するには、あらかじめ「フレーム」によって対象
　　　と「時間」を区切り、限定された因果関係で理解しようとする手法は、

大きな齟齬をもたらす。(深尾 2018: 294)

　例えば、ある人のストレスが高まり、眠れない状態が続くなかで、幻覚や妄想に苦しむようになったとしよう。あるいは自殺企図が生じ、暴力的な言動をするようになった。これを診断分類という「構造」に当てはめて、統合失調症や気分障害などの病状として確定させようとする。これは「あらかじめ『フレーム』によって対象と『時間』を区切り、限定された因果関係で理解しようとする手法」である。だが、幻覚や妄想を抱く人が、なぜそうなったのかは、そのフレーム＝構造＝診断分類からはわからない。会社・学校・家庭でハラスメントを受けた、失業や親しい人との別離に遭遇した、トラウマ的な体験や症状に苦しんでいる、強いストレスに長期間さらされ続けてきた、社会の同調圧力になじめず自己を抑圧している……といった、一人ひとりが抱える「複雑に相互作用し、非線形性によって支配される複雑な現象」を、そのものとして理解しないと、他ならぬその人が「いま・ここ」で抱える、生きる苦悩の最大化としての精神疾患の全体像（＝構造化のダイナミクス）を捉えることができない。

　私は20年以上にわたり、精神医療の「抑圧構造」を追いかけてきた。そのなかで、精神医療の「抑圧構造」を明らかにし、批判するだけでは一向に変わらない現実を嫌というほど見てきた。それは大熊一夫が50年前から糾弾してきた内容が、そのまま続いていることをも意味する。真の変革の可能性を探るためには、この抑圧構造が生み出される「構造化のダイナミクス」そのものに着目する必要がある、と感じ始めている。

　そして、精神医療における「構造化のダイナミクス」を析出した先達が、イタリアにいた。

狂気に至る構造化のダイナミクス

> 狂気とすべての病は、私たちの身体がもつ矛盾の表出です。身体といいましたが、それは器質的な肉体と社会的な身体のことです。病とはある社会的な脈絡のなかで生じる矛盾のことですが、それは単なる社会的な産物ではありません。そうではなくて、私たちを形作っている生物学的なもの社会的なもの心理的なものといった、あらゆるレベルの構成要素の相互作用の産物でもあるのです。（略）たとえば癌は歴史的・社会的な産物です。なぜなら癌は、この環境において、この社会のなかで、この歴史的な瞬間に生み出されていて、また生態学的な変化の産物でもあり、つまりは矛盾の産物だからです。（バザーリア 2017: 108）

イタリアの精神病院を解体した医師フランコ・バザーリアが 1979 年にブラジルで講演した内容を収めた講演録。ここからは、40 年前の時点で、バザーリアが狂気を個人の悲劇や生物・心理学的な素因のみで捉えていなかったことが見て取れる。

先にベイトソンは「自分の関心は自分であり、自分の会社であり、自分の種だという偏狭な認識論的前提に立つとき、システムを支えている他のループはみな考慮の "外側" に切り落とされることになります」と述べていた。そして、切り落とされた「認識的な捨て場所」としてエリー湖があり、精神病院がある、と整理した。一方、バザーリアは、癌であれ精神疾患であれ、自分の関心や考慮の外側に切り落とすことはしていない。

癌も精神疾患も、個人に発症した器質的で医学的な一つの状態である。その意味では、あくまでも「生物学的なもの」である。だが、そもそも精神疾患や癌だけでなく、五大疾病に入る脳卒中や心筋梗塞、糖尿病も含めて、他ならぬその人が「いま・ここ」で、「この環境において、この社会のなかで、この歴史的な瞬間に生み出されていて、また生態学的な変化の産物でもあり、

つまりは矛盾の産物」なのである。

　この「矛盾の産物」、つまりは「人間生活が生み出す副産物」を、「どこか"外"に捨てればいいとする心」を持つと、エリー湖に「工業廃水や家庭排水」をうち捨て、精神病院に精神病者をうち捨てることになる。だが、エリー湖も精神病院も、「われわれを含むより大きな精神生態系の一部」であり、エリー湖や精神病院が「狂気に陥ったならば、その狂気は、より大きなわれわれの思考と経験をも病的なものに変えていく」のである。つまり、私たちの社会に対する認識そのものが狂っている（the Pathologies of epistemology）のである。

　これは何も突飛な発想ではない。日本では 1998 年から 2011 年まで、13年連続で自殺者が毎年 3 万人を超える自殺大国であった。小中学校における不登校児童は 14 万人を超え、40 歳以上の中高年ひきこもりは 61 万人にも上る、と内閣府は推計値を出している。精神病院に収容されている 30 万人を加えると、100 万人（人口の 1％）が、社会から隔絶された状態に追いやられているのである。これこそが異常であり、この社会の「狂気」の「矛盾」を物語るデータでもある。

　では、この「矛盾」や認識そのものの狂いを解消する方法はあるのだろうか。各地の現場で始まっているその可能性について、以下では見てみたい。

精神医療の新たな構造化──オープンダイアローグ

　「あの人は狂っている」というのは「私は狂っていない」という言説と対になっている。そして、その「認識論的前提に立つとき、システムを支えている他のループはみな考慮の"外側"に切り落とされる」ことになる。

　精神病院という「精神生態的（eco-mental）なシステムが、われわれを含むより大きな精神生態系の一部だ」と認識するならば、精神病院の権利侵害性を指摘するだけでなく、精神障害という「人間生活が生み出す副産物は、どこか"外"に捨てればいいとする」認識論的前提そのものを、つまり「狂っ

ている／狂っていない」という二項対立的図式そのものを、問い直す必要が
ある。

　精神疾患という「人為的要因と自然的要因が複雑に相互作用し、非線形性
によって支配される複雑な現象を理解する」ために、「あらかじめ『フレーム』
によって対象と『時間』を区切り、限定された因果関係で理解しようとする
手法」をとらず、「システムを支えている他のループ」をも考慮の“内側”
に入れて捉えようという試みが、精神医療のなかで世界的に注目されている。
それがオープンダイアローグの考え方である。

　オープンダイアローグはフィンランドの西ラップランドにあるケロプダス
病院で1980年代から試行錯誤されてきた試みである。同病院の医師や看護
師、ソーシャルワーカーや作業療法士などが家族療法のトレーニングを受け
たうえで、クライシスの状態の患者や家族から電話を受けると、原則24時
間以内に自宅を訪問するか、本人に病院まで来てもらう。その際、クライシ
ス状態にある本人が望むソーシャルネットワーク（家族、友人、恋人など）に
も同席してもらう。そして、1時間半のミーティングを毎日のように繰り返
すなかで、精神症状が治まったり、投薬することなく消失したり、という「効
果」をもたらしている。その結果、ケロプダス病院では病床も大幅に削減し、
現在15床ほどに減少した。そのことは多くの書籍でも示されている[7]。こ
れまで幻聴や幻覚には薬物投与が必要だろう、と思い込んでいた私は、「限
定された因果関係」という構造でしかみていなかった。でも、フィンランド
では別の「関係」のネットワークのあり方＝構造化のダイナミクスが働いて
いたのである。

　このアプローチは、スイス人ジャーナリストがインタビューしたバザーリ
アの次の言葉と通底する部分が多い。

　　病気ではなく、苦悩が存在するのです。その苦悩に新たな解決を見出す
　　ことが重要なのです。…彼と私が、彼の〈病気〉ではなく、彼の苦悩の

＊7　詳しくはセイックラ＆アーンキル（2016、2019）、斎藤（2019）などを参照。

問題に共同してかかわるとき、彼と私との関係、彼と他者との関係も変
　　化してきます。そこから抑圧への願望もなくなり、現実の問題が明るみ
　　に出てきます。この問題は自らの問題であるばかりではなく、家族の問
　　題でもあり、あらゆる他者の問題でもあるのです。（シュミット 2005: 69）

　この二つに共通するのは、「狂っている人」を「狂っていない人」が「治す」
というアプローチではない、という点である。ケロプダス病院の看護師は「危
機のときには窓が開いている」と象徴的に語っていたが、「生きる苦悩が最
大化した状態で困り果てている人」は、ひとりで抱えきれずに必死でＳＯＳ
を求めている。ただ、幻聴や幻覚などを伴うと、特に「普通の人の常識とは
違う訴え」をするので、まともに受け止められずに「幻聴や幻覚のせいだ」
＝「狂っている」からだと決めつけられ、必死の訴えもそのものとして聴か
れない場合が多い。
　でも、幻聴や幻覚とは、バザーリアが述べたように、「この環境において、
この社会のなかで、この歴史的な瞬間に生み出されていて、また生態学的な
変化の産物でもあり、つまりは矛盾の産物」であり「苦悩」なのである。で
あれば、幻聴や幻覚というかたちで表出された「矛盾の産物」や「苦悩」を、
そのものとして受け止め、「彼の苦悩の問題に共同してかかわるとき、彼と
私との関係、彼と他者との関係も変化して」くる。
　現在の精神医学の主流の教科書においては、幻聴や幻覚は、人的関与では
なく薬物投与で対応すると書かれている。だが、バザーリアやオープンダイ
アローグは、そのような「幻聴や幻覚」を「狂った異常な行動」と認識の外
側に捨てず、「生きる苦悩の最大化した矛盾の産物である」、と捉え直すこと
を重視する。そのうえで、どうしたらその「生きる苦悩の最大化」を減少さ
せ、矛盾の絡まった糸を解いていけるか、を支援する・される側が「共同し
てかかわるとき、彼と私との関係、彼と他者との関係も変化して」いく。そ
の結果として精神症状も薬物投与を少なくしても（時には投与しなくても）鎮

まる。このような、「精神病」に関する認識論的転換をもたらしたのが、バザーリアの実践であり、オープンダイアローグだった。

関係性を変える

オープンダイアローグのミーティングにおいては、「問題とされる患者（Identified Patient）」とソーシャルネットワークにおける、様々な悪循環が提示される。家族関係の不和、親子の抑圧・暴力的関係性、これまでの患者の不幸な人生や生きる苦悩の最大化としての幻覚・妄想……。従来のＤＳＭやＩＣＤという構造に依拠した医療ではまともに取り上げられず、医療の対象とは見なされなかった「システムを支えている他のループ」を、ダイアローグのなかで丹念に聞き続ける。従来は理解不能と言われた、狂うことや幻聴・幻覚の意味を理解しようとする。話すことと聞くことを分け、上から目線の批判や断定をせずに、「落としどころ」を探さずに、不確実さに耐えながら、そのミーティングを続けていく。

このミーティングが普通とは違うのは、その場に参加する医療者も患者も家族もすべての人が、「自分の関心は自分であり、自分の会社であり、自分の種だという偏狭な認識論的前提」に自覚的になり、そこから距離を取ることができるという部分である。相手の話を最後までじっくり聴くことにより、自分が知らなかった・知ったかぶりをしていた、相手の意外な側面と初めて出会う。つまり幻聴や幻覚状態の人は「〇〇な人だ」という思い込みや決めつけを排し、自分が相手のことを理解できない、という前提に立ったうえで、理解できない相手の他者性（＝それを「他者の他者性」と言う）にじっくり耳を傾ける。そのことによって、ある人がクライシスに陥るとはどういうことか、どのような精神生態系のゆがみが生じているのか、狂うこと・幻聴や幻覚、妄想を持つことで何を表現しようとしているのか、そこにどのような生きる苦悩の最大化された姿があるのか、を一緒に考えることができる。

このとき、「狂っている／狂っていない」という二項対立的な about-ness（あなたのために）モードではなく、どうすればそのようなクライシスを一緒に乗り越えることができるか、という協働的な with-ness（あなたとともに）モードが立ち現れる。これはバザーリアの言う「彼と私が、彼の〈病気〉ではなく、彼の苦悩の問題に共同してかかわる」ことでもある。そして、精神医療の固着構造を開き、構造化のダイナミクスを働かせるためには、この with-ness モードが不可欠だと筆者は考え始めている。これは筆者に限ったことではない。例えばオープンダイアローグをいち早く臨床に取り入れた斎藤環は、社会的ひきこもりの支援においても、このオープンダイアローグの手法は有用である、と言う。そればかりでなく、彼は自らの臨床のあり方も変え、1：1の面接という旧来の手法からチームアプローチに基づく「対話的多元主義」に自らの臨床のあり方も変えようとしている（斎藤 2019）。

　バザーリアの言葉に立ち戻り、精神障害や社会的ひきこもりを「病気」ではなく、「生きる苦悩の最大化した矛盾の産物」と捉え直すならば、その「矛盾の産物」は対象者「自らの問題であるばかりではなく、家族の問題でもあり、あらゆる他者の問題でもある」。すると対象者のみの医療的・個人的問題と捉えることは、エリー湖という「捨て場所」に都合の悪いものを捨てる仕組みの踏襲である、と気づくこともできる。問題を医療的問題に限定せず、対象者とともに生きる苦悩に共同してかかわることによって、支援者や家族など、その周りの人のアプローチも共同して変えていくことで、認識の外（＝エリー湖）に捨てたものを取り戻すことが、支援する側にも求められる。それこそが、精神医療の関係性を変え、固着構造を開く鍵ではないか、と。

With-ness に基づく反抑圧実践

　「能書きはわかった。では、実際に支援現場でどうすればよい？」という声も聞こえてきそうなので、一言で答えてみる。

「狂っている人は理解不可能だ」とか、「あの人は狂っている／私は狂っていない」という二項対立的考え方を手放すこと。これに尽きる。

　私はこの20年、バザーリアやその後継者達の実践やオープンダイアローグを取材し、日本でそれらを積極的に取り入れている「包括型地域生活支援プログラム」（ACT ＝ Assertive Community Treatment）なども取材してきた。それらの実践と認定ＮＰＯ法人大阪精神医療人権センターが行っている権利擁護活動には共通点がある。それは、治療者が一方的に判断をせず、クライシスの状態に陥った本人の声に基づき、幻聴や幻覚も含めて、その声を聞き、理解しようと努力することから始める、ということである。暴れたり、理解不能な言動をしたり、家族に危害を加えたら、強制的に「縛る・閉じ込める・薬漬けにする」と機械的・一方的な判断をしないということである。

　生きる苦悩が最大化したときに、自傷他害や幻覚妄想のかたちでしか、自己を表現できない状況に追い込まれている人がいる。その人の声は、そのものとして聞かれずに放置され、圧倒的な孤独や苦しみのなかに追い込まれてきた。そういう状態の究極のＳＯＳとしての、自傷他害行為や幻覚妄想などの状態なのである。その人が、そうせざるを得ない状況に追い込まれた。ならば、そのような追い込まれた状況の苦しさを伺い、その人をめぐる悪循環構造を理解し、どうすればその悪循環構造を逃れることができるか、を本人や家族、支援チームが一丸となって考え合うしかない。そして、支援者も振り回されて疲れ果てているなら、支援者も自身の無力さを認め、支援の行き詰まりを解決するために、本人や家族、他の支援者に助けを求めるしかない。そこでは、支援する・される、における権力関係が宙づりになり、どうやったら一緒にこの困難から乗り越えることが可能か、をともに考え合う、対等な関係性に基づく協働が生まれやすい。

　「狂っている人」とラベルが貼られると、その人の声は無効化され、空想であり、意味のないものとされてしまう。だが、幻覚や妄想状態であっても、その人の生きる苦悩の最大化したつらさが併存している。むしろ、そのつら

さを一時的にでも覆い隠すために幻覚や妄想が生まれ、自傷他害というかたちでの「解決」を目指しているのかもしれない。であれば、対話のなかで本人がどのような状況下に置かれ、どのような生きる苦悩の最大化に直面しているのか、の内在的論理を理解することが先決だ。それが世間の論理から逸脱しているとか、病的だとか、そういう査定はせずに、まずは本人の苦しみの論理を、そのものとして理解することが大切だ。

　そのうえで、その苦しみがどこから来ていて、どうすれば最小化できるのか、をともに考えることが、支援者には求められている。「縛る・閉じ込める・薬漬けにする」ことが、本人の苦しみを最小化するのに最適なら、そうすればよい。だが、あなたも私も、それをされるのは嫌なはずだ。であれば、それ以外の選択肢を考えるしかない。そして、社会との折り合いをつけながら、その苦悩を減らすためには、支援者に何ができそうか、どういう支援なら役立つか、誰にどのような協力を求められそうか、そのために本人や家族、支援チームの一人ひとりには何が自分にもできるか……これらを協働して考えることが求められる。

　With-ness とは抽象論ではない。精神疾患で苦しむ人の生きる苦悩の最大化した状態をしっかり理解したうえで、その苦悩の最大化を減らすための「文殊の知恵」を生み出すチーム形成をすることができるかどうか、である。そのためは、まず「あの人は狂っている」「狂っている人は理解不可能だ」という予断を、横に置く必要がある。ある人に襲いかかっている生きる苦悩を最小化するために、その人やその人が大切だと思う人々、そして支援チームが協働して解決策を考えられるようなチーム形成をどうしていくか、が問われている。それは、アセスメントのあり方や支援プランの作成、実際の介入実践のあり方を変えていく。地域のなかで、精神的な危機にある人に、このような with-ness に基づく支援が行われていれば、「地域で困った人を精神病院に入れて解決したことにする」という「エリー湖の狂気」は生まれない。むしろ、地域で支援する人々こそが、with-ness 的な対話的アプローチを身

につけ、生きる苦悩の最大化した人の権利擁護実践をすると、狂気を自らの認識の外側（＝精神病院）に捨てるような現状を変えることが、具体的に可能になるのではないだろうか[8]。

社会的な抑圧を問い直す──自由こそ治療だ

先に触れたフランコ・バザーリアは「自由こそ治療だ（Freedom is therapeutic）」と喝破した。抑圧は自由と真逆の事態であり、ゆえに非治療的である。そして、精神疾患の治療をするうえで不可欠な自由を模索する、ということは、単に精神病院の構造上の問題ではない。精神病院をエリー湖のように認識の捨て場としている限り、私たちは認識論上の不自由に追いやられたままであり、精神病院の温存に結果的に加担していることにもなる。そうではなくて、矛盾の産物としての精神疾患を、医学問題に矮小化させず、この社会の構造的な歪みと捉え直すことによって、抑圧から解放され、自由を保障することが可能となる。

『ルポ・精神病棟』というタイトルを見て、「精神病院では、狂った人が叫びながら追いかけてきそうで、怖そうだ」と、四半世紀前の私は思い込んでいた。しかし、そのような認識論的前提が、狂気という「矛盾の産物」であり「人間生活が生み出す副産物」を、エリー湖＝精神病院に捨て去って直視しなかったために、エリー湖＝精神病院自体を「狂気に陥」らせてきた。つまり、精神病院の狂気は、私（たち）自身の偏見や先入観によって社会的に構築されきたものである、とも言えるのだ。

精神病院という認識の「捨て場所」を温存しないためには、私たち自身が「あなたは狂っている／私は狂っていない」と二項対立で考える癖をまず止める必要がある。「狂っている人は理解不可能だ」という予断、つまり私のこれまでの認識そのものが狂っている（the Pathologies of epistemology）ことを、まずは認める必要がある。そのうえで、精神障害の状態にある人との関係性

[8] 精神科病棟がなくなった浦河での地域支援実践については、斉藤（2020）参照。

をどのように変えていくことができるか、どのような協同的実践（with-ness）を生み出すことができるのかを模索する。それが精神医療における反抑圧的実践に直結する。

　精神病院や精神障害者への恐れは、己の無知や偏見に基づく恐怖である。精神病院自体が抑圧的な環境を持ち、精神障害者がその状況で抑圧されているため、この抑圧構造は再生産され続けてきた。その悪循環を超えるためには、まず構造的抑圧を自覚化する必要がある。そのうえで、生きる苦悩が最大化した当事者の声に耳を傾け、この構造的抑圧を超えて人間らしく暮らせるための方法論を、「あなたは狂っている／私は狂っていない」という二項対立を超えて、一緒に考え合うことが大切だ。それが「自由こそ治療だ」の真の意味であると私は考えている。

参考文献

Franco, Basaglia, 2000, *Conferenze brasiliane*, Raffaello Cortina Editore.（＝大熊一夫、大内紀彦、鈴木鉄忠、梶原徹訳、2017、『バザーリア講演録　自由こそ治療だ！』岩波書店。）

Bateson, Gregory, [1972]2000, *Steps to an Ecology of Mind: Collected Essays in Anthropology, Psychiatry, Evolution, and Epistemology*, University of Chicago Press.（＝佐藤良明訳、2000、『精神の生態学　改訂第二版』新思索社。）

深尾葉子、2018、『黄砂の越境マネジメント』大阪大学出版会。

大熊一夫、1973 ＝ 1981、『ルポ・精神病棟』朝日文庫。

斎藤環、2019、『オープンダイアローグがひらく精神医療』日本評論社。

斉藤道雄、2020、『治したくない　ひがし町診療所の日々』みすず書房。

Seikkula, J. Arnkil, T. 2006, *Dialogical Meetings in Social Networks*, Karnac.（＝高木俊介、岡田愛訳、2016、『オープンダイアローグ』日本評論社。）

Schmid, Sil, 1979, *Freiheit heilt: Bericht über die demokratische Psychiatrie in Italien*, Wagenbach.（半田文穂訳、2005、『自由こそ治療だ──イタリア精神病院解体のレポート』社会評論社。）

竹端寛、2013、『権利擁護が支援を変える──セルフアドボカシーから虐待防止まで』現代書館。

7　障害当事者運動にみるＡＯＰ

──その可能性と課題

茨木尚子

はじめに──私と障害当事者運動との出会い

　1980 年代、テレビでは頻繁に数年前から始まった国際障害者年のスロー
ガンである「完全参加と平等」のフレーズが、海外で活躍する障害者の映像
とともに流れていた。一方で、公務員として、障害者福祉の世界に足を踏み
入れた私を待っていたのは、「親の目の黒いうちに、入所施設探し」をする
親御さんの必死の姿であった。私と同じ年齢の重度心身障害のある女性の親
御さんは、都内の身体障害者入所施設のすべてが 100 人以上の待機者がい
ることに絶望し、秋田県に新しく建設される「東京都立施設」に期待してい
た。そして開設と同時に、彼女は 20 代で秋田の入所施設に措置された。「私
は東京の人なのに、なぜ秋田で暮らさないといけないの？」という彼女の疑
問に、20 代の私はなんの言葉も返すことができなかった。

　その「なぜ」に答えるために、自分は支援者として何ができるかというこ
とを考える契機として参加したのが、「日米障害者自立生活セミナー」＊¹ で

＊１　1983 年 3 月に 5 人のアメリカの CIL の当事者代表と、その他理事などの支援
者、および介助者が来日し、全国 6 カ所で日本の当事者とともに自立生活セミナーを
開催した（日米障害者自立生活セミナー中央実行委員会編、1983、『日米障害者自立
生活セミナー報告書』）。

あった。このセミナーには、アメリカの自立生活運動のリーダーたちが来日し、彼らは力強く障害者が地域で当たり前に暮らすために、当事者運動の取り組むべきこと、インクルーシブ教育の実現や、脱施設政策の重要性を語っていた。このセミナーが開催されていたのは、当時自治会活動が活発に展開されていた都内の身体障害者入所施設であった。来日したリーダーのひとりであるジュディ・ヒューマンは、「この数日、閉鎖的な施設とその施設の空気をかいで、ここから日本の障害者の生活を変えていかねばならないことを強く感じている」と言っていた。一方、日本の当事者リーダーである青い芝の会の脳性マヒの人たちからは、「親の庇護や障害児施設ではなく、成人施設の組織運営に参加することで、我々は足元からの自立を勝ち取ってきた」という、それに反発する声もあがっていた。

　私は、アメリカのリーダーに完全否定されているこの障害者施設にさえ入れない障害者が多数存在することをどう考えればいいのか、これからどう日本の障害者福祉を変えていかねばならないのか、頭のなかでもやもやした思いが錯綜したのを思い出す。重度の障害がありながら来日し、力強く当事者として発言している人たちと、日本の現状とのギャップを感じざるを得なかった。一方で、日本の青い芝の会のリーダーたちから、アメリカの当事者からの指摘を一方的に受け止めるだけでなく、それに対抗する「もの言う障害者」がいることにも気づかされ、こういった当事者間の議論から、新しい障害者支援の方向が生まれることへの期待も芽生えた。どうしたら、こういった障害当事者たちを増やしていくことができるのか、障害のない自分は、どういう立場で何をすればいいのか、それをもっと学び、実践していきたいというのが、私の研究活動の端緒となった。

　自立生活運動との出会いから、35年以上経過した。その体験については以下に述べていくことになるが、その後の日本の障害当事者の運動は、それぞれの地域で、また全国的にも、自立生活運動の理念を取り入れつつ、大きく発展してきた。私は、障害当事者たちが絶え間なく、日本の「健常者」志

向でつくられてきた社会構造に疑義の声をあげ、それを変革するために活動してきたことを間近に見てきた。また、民主党政権下での障害者制度改革では、多少なりともその政策づくりに参加し、ともに活動する経験を得た。日本において、障害当事者たちは社会の抑圧構造にどう抗い、変革を起こしてきたのか。まずはそれについて述べていきたい。これまでの日本の障害当事者の運動には、抑圧を構造的に変えようとする継続的な営みがあり、ＡＯＰの先駆的な例として、そこからソーシャルワークが真摯に学ぶべきことは極めて大きいと考える。

　さらに、当事者運動に参加した障害のない人々は、彼らの運動に参加することで何を学び、どう行動してきたかも述べたい。私自身は、初期の自立生活センターの共同研究に加わらせてもらい、さらに運営委員や理事として今日までかかわってきた。当事者ではない者が、「障害当事者とともに活動に参加する」とはどういう立ち位置でいることなのかを常に迷い続けてきた。

　さらに介助者としてより密接に障害当事者の自立生活にかかわってきた人々は、日々その生活を支えるなかで、当事者の関係性を模索し続けてもいる*2。障害当事者の運動に、障害のない人々がどのような立ち位置でかかわり続けることが求められるのか、そこにＡＯＰにおいて述べられる"Allyship"という関係性を見出す可能性はあるのか。そのことについても言及していきたい。

＊２　介助者の視点から障害者自立生活運動について述べた最近の文献としては以下のものを紹介する。
渡邉琢、2018、『障害者の傷、介助者の痛み』、青土社。
同、2011、『介助者たちは、どう生きていくのか──障害者の地域自立生活と介助という営み』生活書院。
渡辺一史、2003、『こんな夜更けにバナナかよ』北海道新聞社（2013年に文藝春秋より文庫化）。

日本における障害者への抑圧とその特徴

1　障害種別による抑圧の格差

　日本の障害者の置かれてきた社会的位置づけを考えてみると、そこにはいくつかの特徴が見られる。まずは、障害種別により、制度的枠組みに大きな差があることだ。もちろんこれは国際的にもそうなのだろうが、日本の場合、より一層そこに違いがあるように思われる。それは、第二次世界大戦後、日本の障害者福祉制度の成立過程にも反映されている。

　戦後まもなく 1949 年に策定された「身体障害者福祉法」は、その対象を職業的自立が可能な身体に障害があるものに限定しており、知的障害や精神障害の人たちは、更生法（リハビリテーションを受けて職業的自立を目指すことを目的とした制度）であるこの法律からは除外されていた。その後、知的障害の親たちの運動の成果として、1960 年に精神薄弱者福祉法（現・知的障害者福祉法）が成立し、20 世紀後半となり 1995 年に精神保健福祉法がようやく制定され、障害種別に縦割りで障害者福祉法が策定されていく。この成立過程をみると、精神障害者は医療ではなく障害者福祉法の対象となるまでに実に 50 年以上もの年月を経ており、障害種別による社会的格差が極めて大きいことが見て取れる。この背景には、福祉的制度の対象規定に医学モデルによる機能障害の視点が強く埋め込まれてきたこと、客観的指標による障害判定という枠組みが堅守されてきたこともあるが、そもそもそれぞれの障害に対する社会の眼差しの差も、こういった格差の基盤にあると思われる。

　結局、日本の障害者福祉は、こういった縦割りの法整備を背景に、障害種別に支援の質量に大きな格差を生み、それが長く障害種別の運動が連携できない要因となり、そこから政策側による当事者の「分断統治」が行われきた。例えば身体障害当事者による運動について、知的障害者（というよりも、その家族）の運動側からは、「頭のいい障害者たちとは共闘できない」という声があがることも珍しくなかった。

21 世紀に入って、3 障害を統合した障害者自立支援法制定の動きが起こった際、サービス利用について応益負担が導入され、「それは障害者の生きる権利を阻害するものである」という身体障害当事者運動の主張とその反対運動が起こった。その際、他障害の人々と必ずしも共闘できなかったことの背景には、こういった障害種別による制度格差が強く影響したと思われる。またそういった障害当事者側の格差を巧みに利用してきた政策側の意図も看過できない。社会におけるマイノリティ運動は、時に分断され、マジョリティの思惑に組み込まれていくことが多い。日本の障害者運動の障害種別による分断統治とも言える状況がつくり出されてきた背景に、障害種別による社会的位置づけの差が根強く反映されているように思われる。この分断統治にどう対抗していくのかが、今後の当事者運動の最も重要な課題でもあり、まさに障害者の差別にどう対処するかという障害者差別解消法の実効性を問う局面で、多様な障害当事者の連帯的な運動を模索しているところでもある。

2　家族との関係性の抑圧構造

　ところで障害者とその家族との関係性は、日本の障害者の抑圧構造の特徴の一つである。日本では、成人になっても障害のある人々については、家族、とりわけその親に対して強い養育義務が課せられている。親は子どもより先に老いていくのであり、だからこそ「親の目の黒いうちからの終の棲家探し」として親なき後の入所施設探しが、これまで障害者の親の命題となってきた。障害者の親の「養育責任のプレッシャー」は計り知れないものがあると思われる。障害者の親の養育責任は、子どもが成人するまでであり、成人期以後は、本人の意向をもとに社会的に支援を考えていくという社会的認知は、どんなに当事者活動がそれを主張し続けても、この国では進まない。

　この親と子の関係性は、じつは障害の有無にかかわらない。日本では、支援が必要な人については、家族がまずはその支援を行うべきだと、ほとんど疑問なく多くの人が考えている。結果として、親が高齢になっても、独立で

きない課題を抱えた子を扶養し続けることとなり、「8050問題」と言われる現代の家族問題を生む要因となっている。逆に、親が高齢となりケアが必要になる場合には、そのケアの担い手として、その子どもが支援することが当たり前のこととされている。結果として、仕事を辞めて、親のケアに専念する子も少なくなく、それが新たな貧困問題や、高齢者虐待を生むことも珍しくない。この家族間相互扶助の原則は、日本の社会福祉政策では、これまでずっと「含み資産」とみなされ、それを前提として在宅サービスの制度設計がされてきた。介護保険にしても、高齢者を介護する家族の負担をいかに減らすかということが法律の目的であり、高齢者個人の自立した生活を支えるという発想には至っていない。

　青い芝の会は、1970年代に重度の障害のある子を殺害した母親に対して、「母よ、殺すな」と叫んだ。そして殺害した母親に対して減刑の声が高まる社会に対して、殺される側の論理としてその同情の背景にある障害者差別の思想を告発した。それから50年以上経った21世紀の日本はどうであろうか。引きこもりとなった長男の暴力に耐えきれなくなり、息子を殺害した元官僚の父親に対して、「社会に迷惑をかけない」ために犯行に及んだとして、共感や同情の声も少なくない。むしろ自己責任論が強まる社会では、個人の問題をまずは家族に押しつけ、その責任を問う風潮はますます高まっている。結局、日本では、子殺しをせざるを得ない状況に追い込まれる親（家族）は、殺される側である当事者以上に、この抑圧構造に組み込まれている。

　これまでの障害当事者運動は、家族に扶養を強いる社会にずっと抗ってきた。障害児のある子を殺した母に対する社会への告発に端を発し、青い芝の会は、親こそ障害のある子どもにとって、社会の象徴としての存在であり、それを乗り越えて、「家を出る」ことこそが自立につながるという主張を展開した。そして地域で家族以外の介助を得ることでの自立生活を模索し続けてきた。

　こういった先駆的な当事者たちは、次第に親元で暮らす障害者たちに街に

出ようという訪問活動を始めるようになった。そういった活動に対して防衛的になる親も少なくなく、訪ねてきた障害者たちに対して、わが子を絶対に会わせないようにすることも稀ではなかったという。「親は敵である」という先鋭的なスローガンが独り歩きしたことで親の団体からの反発も大きかったが、じつはこれは、親に社会的な責任を押しつけ、障害者の自立を阻害している社会に対するスローガンだったのであり、結果的に「殺す側」に立たされ続ける親への社会的抑圧にも社会が目を向けていく契機となった。

　家族扶助至上主義を否定し、社会の側に支援を求め、そこから個人としての自立を目指そうとする障害者運動の思想は、日本の伝統的な家族の相互扶助をあくまで社会的支援よりも強要する社会への挑戦でもある。だからこそ、その抑圧に抗うことができない障害のない人々からは、その思想に強く共感する一方で、強い反発を招くことにもつながる。今も（いや、今だからこそなのか）、「声のでかい、自己主張が強いわがままな障害者」といった言葉が、ネット社会において頻繁に書き込まれている。そこには、自分たち自身が、家族相互扶助という呪縛から逃れることができず、家族という抑圧構造のなかで日常を生きざるを得ない、多くの「健常者」とみなされる人たちの障害当事者運動に対する羨望や反感といったものが存在しているようにも思われる。

　障害者運動が、これまで約50年主張し続けてきた社会のとりわけ家族扶助への抑圧に対する問題提起は、障害のない者が所与のものとして我慢し続けている社会の抑圧構造について再考する重要な契機である。「当たり前」「しょうがない」とあきらめている社会構造に対し、それでは生きていけないと訴え続けて、抑圧構造に風穴を開けてきたのが障害者の当事者運動であったと思う。またこの50年間、その主張に共感を覚えて、支援者、協力者になっていく障害のない人々がい続けて社会的構造を変えようと共闘していることは、障害者運動が障害者のためだけの運動ではないことを物語っている。

障害当事者の支援からソーシャルワークが学ぶべきこと

　日本における障害者の地域での自立生活運動の端緒は、先に述べた青い芝の会の活動であり、1980年代以降は、アメリカの障害者自立生活センターをモデルにしながら、各地で実践されていった。私は、ちょうどこういった活動が展開され始めた頃、障害者福祉の研究に足を踏み入れたことになる。具体的には、各地の障害当事者活動のリーダーたちとの共同研究に参加させていただく幸運に恵まれた。そこで出会ったのが、日本の自立生活センター第1号と言われるヒューマンケア協会の当事者リーダーたちであった。

　ヒューマンケアで出会ったエピソードとして、Mさんの家出とその支援がある。他県から親に内緒で家を出て、八王子にやってきた脳性マヒの青年Mさんの希望は「親から自立し、八王子でひとり暮らしをしたい」というものであった。そこでのセンターの当事者たちの対応は、親へは本人が知らせるまで何も言わないというものであった。これが一般の専門相談組織であれば、まずは親に連絡するよう本人に説得するか、無事保護していることをそっと親に伝えることになるだろう。しかしセンターは、彼が泊まれる場所（自立生活体験室）を無償で提供し、彼自身がどうしたら親から自立し、ひとり暮らしが実現できるか考える時間をつくった。結局、彼は八王子で暮らすことを決意し、親を説得するために一度家に戻る決断をした。その際リーダーたちは、実家へ彼の応援に向かい、親御さんを交えて話し合い、最終的に彼は八王子でひとり暮らしをスタートすることとなった。

　私はM君の自立に向けてのこの一連の支援過程に参加させていただいたのだが、当事者組織として、明確にM君の側に立ち、ひとり暮らしを実現するために一緒に行動するという自立生活センターの支援は、他の専門機関で果たすことができるだろうかと考えた。おそらく障害者福祉の専門職であれば、家族と本人の中間的立ち位置に身を置き、どちらの言い分も聞きながら、親が納得するまでは具体的なひとり暮らしに向けた支援をすることはで

きないのではないかと思えた。そのことを話し合いのなかで、当事者に伝えると、「親が納得してから自立というのは難しい。親は子どもが実際にひとり暮らしができた姿を見て初めて納得するものなのだから。だから大人である彼の自己決定の結果である家出を応援するのだ」と言われた。この自立生活センターのあくまで当事者側に立つ支援がなければ、M君の地域での自立生活を実現することは不可能であったかもしれない。非障害者による支援の限界と、障害当事者が支援を行う意義を強く感じた出来事であった。

　ソーシャルワークの支援について、最近では「寄り添う」「伴走者」という言葉で語られることが多い。寄り添うということは、指導、援助という用語の持つ「上から」の支援ではなく、あくまで本人と対等な立場でサポートをするということが強調されている。しかし本当の「寄り添う」支援は、中立な立場を保ったままで遂行できるのだろうか。「伴走者」は常に当事者の脇にいて、一緒に走る人である。一定の距離をとって見守ることでは伴走はできない。障害当事者の側に立ち、本人の自己決定に基づいて支援するというゆるぎない態度に、当事者運動の強さを感じる。そして福祉的支援においても、支援者として中立でいいのだと割りきるのではなく、障害当事者ではない難しさを自覚しつつ、それでも当事者の立場にたつ支援を模索し実現しようとする努力が必要なのではないかと感じたエピソードでもあった。

非当事者である支援者はどう参画するのか——"Ally"という関係を構築できるか

　ここでは、自立生活運動に非当事者である私がどのように参加をしてきたのかを振り返るなかで、非当事者のかかわりについて考えたい。自立生活センターでは、当初から、その主たる活動としてピアカウンセリング活動を実践していた。当事者への当事者に対する仲間（PEER）としての相談支援活動である。自立生活運動にかかわるなかで、私自身はこのプログラムに当初

大きく関心を寄せていた。ソーシャルワーカーが行う相談支援と、ピアカウンセリングはどのような違いがあるのか詳しく記録化し、検討することで、ピアカウンセリングの意義を示すことが可能なのではないかと考えた。しかし、ピアカウンセリングを展開していた当事者リーダーにそれを伝えると、ピアカウンセリングはあくまで障害者同士の相互活動であり、非障害者がそこにいないことで、自由に解放されたコミュニケ—ションが行われるのであるから、非障害者の参加は認めらないとはっきりと言われた。そのことは、この活動にかかわる非障害者としての限界を強く意識させられたと同時に、「障害の有無に関係なく障害者運動にかかわっていきたい」という言葉を安易に使っていた自分の社会的位置に改めて気づかされることにもなった。

　一方で相反する立場を経験する機会が、トロントに滞在していたときにあった。大学院の障害学コースを聴講する機会に恵まれ、そこには多くの障害当事者の学生（主に社会人）が参加していた。そのうちのひとりが、パレスチナからの移民の弱視の女性であり、彼女はトロントの移民（主アジア）の障害当事者活動のリーダーでもあった。その彼女から、「自分たちの活動に参加しないか」と声をかけられた。他にも障害のある学生がたくさんいるのに、声をかけられたのは、私ともうひとりの非障害者の看護職の女性であった。「私は障害者ではないのに、その活動に参加していいの？」と彼女に問うたところ、「でもあなたは、アジアから来た聴講生で、ここで生まれた人ではないでしょう。それに、この障害学を受講している障害当事者は、全員白人ばかりなのに気づいている？」という返事であった。考えてみると、もうひとりの看護職の女性も、南米からの移民出身者であって英語が母国語ではない人であった。障害と非障害という二極で考えていた私にとって、白人文化対移民の社会構造から見れば、私は障害のある移民たちの運動では、白人である障害者より、当事者側に近い存在なのかもしれないということを感じた体験でもあった。社会的抑圧の構造は、必ずしも障害と非障害関係だけでなく、複雑な要素で成り立っている差別の交差性、すなわち「複合差別」

について自分に引き寄せて考えることができたエピソードであった。

　日本でも、日本国籍を持たず障害基礎年金支給がされない障害者の存在や、女性障害者の位置づけなど複合差別の課題があるが、これまで必ずしも障害者運動の主題になってきたとは言えない＊3。こういった複合差別に、いかに障害当事者運動がかかわっていくかも、当事者運動が縦割りにならず、横断的な活動を展開していくための重要な鍵になる。さらに障害者と健常者という区分けだけで捉える視点も、慢性疾患を抱え、障害でも、健常でもない立場に置かれてきた難病者などにとっては自らの立ち位置を捉えづらい要因となっている。極論になるかもしれないが、むしろ誰しもがこの社会構造のどこかで抑圧を受ける存在になりうることに自覚的になることで、より新たな連帯が生まれるのかもしれないとも思う。先に述べた障害種別や、当事者とその家族が「分断統治」されてきた関係に、新たな視座を与えるものとして、より多様な抑圧構造を見据えた反抑圧的な実践が必要なのではないだろうか。そこで重要になるのが、これまで障害当事者ではないとされてきた、当事者とともに活動する「非障害者」の存在なのかもしれないとも考える。

　ＡＯＰでは、"Ally"としての非当事者の存在や支援の重要性が示されている。日本では、この用語をどう和訳し、内容を理解するかが難しいところである。Ally は直訳では「味方」となっており、類義として、friend、supporter という語句があがっている。しかしこれを見ても、本来の Ally の意味としてはしっくりこない。この用語は、日本では、LGBTQ の活動で、当事者でないが LGBTQ の活動を支持し、賛同し、連帯する人たちを指す用語としてほぼ独占的に用いられてきた。しかし Ally は、LGBTQ の活動だけの存在ではない。ダイバーシティにおける多様な価値を認めることを前提に、

＊3　障害者の複合差別では、特に女性障害者について最近では障害者権利条約の観点から当事者組織も意識的にテーマにするようになってきている。
藤原久美子、2019、「障害女性への複合差別を解消するために：権利条約第六条に関するパラレルレポート」『季刊福祉労働』163 号、59 - 66 頁、現代書館。

違った立場にあるものを支援する人、またはその活動を指すものであり、より広い抑圧を覆す実践に共通する存在とされている。例えば、人種差別撤廃運動では、抑圧する側であった人種の人たちが Ally として、ともに運動に参画することで、社会的変革につながっていくことは 1960 年代の公民権運動でも、現在の BLM の運動でも証明されている。

　そうだとすると、障害当事者運動にかかわる非障害者は自らの抑圧構造により自覚的になり、そこから障害のない者を前提につくられてきた社会構造の捉え直しをすることで、社会の変革を促す活動に積極的に参画していくことが可能となるのではないか。

　かつて障害当事者運動では、「健常者手足論」という言葉をよく耳にした。それはこれまで保護的かつ支配的であった非障害者に対する強烈な批判であり、「健常者」であるものは、主体となる障害者の手足という自覚を持って介助などの支援をするべきであるというものであった。それは抑圧を覆す強い主張として否定はできない。しかし非当事者が思考することをせず、障害者の手足として徹底することだけでは、障害当事者の Ally になることはできないのではないか。むしろ、より深く障害当事者や自らの社会的位置や、抑圧構造に自覚的になること、またそのことを相互に当事者とも交流し議論すること、それなくして協働することは不可能なのではないだろうかと私自身は考えている。お互いがものを言い合える、聴き合うというかかわりなくして、本当の対等性は生まれないとも思う。違う立場の者同士がわかり合えるかかわり方は、一方的なコミュニケーションでは成り立たない。このことは、重度の障害があり、言語コミュニケーションでは意思疎通が難しい人たちとの関係性においても、相手の意思を理解する、こちらの意思を伝えるなどを多様な方法でもっと追求していくべきだと思う。

　自立生活運動のリーダーたちと、例えば身体障害以外の障害のある人たちとどういう関係にあるべきかを議論したことがある。障害があるということでは、同じ機能障害ではなくても当事者側に立てるという考えと、非障害者

という自覚をもってかかわることでよりその人の側に近づくことも可能なのではないかという考えとで論争になったことを思い出す。結局、結論には至らなかったが、今 Allyship という文脈で、もう一度彼らと議論してみたいと思う。おそらく他障害、非障害、いずれの立場であっても、その障害の当事者ではない自分は何者であるのかを省察することが重要であり、そのうえで、彼らの抑圧構造を変える活動にかかわることが可能なのではないかと思う。

　最近は、障害の社会モデルという用語が、一般的に認知されてきたが、それをどこまで突き詰めて考えていくのかについても同様な省察が必要である。障害者差別はいけないとみんなが理解はしているが、一方で障害者差別解消法などでの具体的な合理的配慮の議論になると、その主張のトーンが変わっていくことが多い。「障害のある人への配慮（配慮という日本語も問題であるが）は、できる限り、やれる範囲でやるということ」といった勝手な解釈が障害のない側から発せられたりもする。やれる範囲で障害者に配慮することという解釈では、なぜ障害者への差別が起こるのか、それが生まれる社会構造への批判的な視点が欠如している。なぜ差別が起きているのか、その社会構造を理解し、それを変えること、自分自身を含めて変わることへの挑戦がなければ障害者差別は解消されない。

　障害のある当事者運動に非障害者としてどうかかわるか。トロントで、「あなたは白人ではない」と言われたとき、それまで障害の有無のみでそのクラスのメンバーを捉えていた自分の視点の狭さに大いに気づかされた。自分自身が社会から受けている抑圧はなんなのか、それへの問いがないなかで、「障害者のため」だけの支援だけを志しても、障害者への抑圧構造を変えることはできないのではないのか。そこに本来の Ally という関係性は生まれず、彼らの主張を受け止めることのみに終始し、バーンアウトする支援者しか生まれないのではないだろうか。「私は障害者ではない」としたとき、では私は社会構造のなかでどのような位置づけにあるのかの問い直しが必要となる。多様な要素が社会の抑圧構造を形成しているのであり、障害対非障害の二極

だけで捉えるのではなく、そこに様々な抑圧関係が存在することを改めて意識して、自分の立ち位置を確認する作業は、ソーシャルワーカーの支援においても極めて重要であると思う。

事業することと運動すること──これからのＡＯＰの可能性と課題

21世紀に入り、自立生活センターは、その組織の財源規模を飛躍的に拡大してきた。現状ではセンターも、介助サービスを中心にした福祉制度のサービス事業所としての立場でもあり、事業運営と当事者運動の間で絶えず組織のあり方を模索し続けている。

介護サービスの収入により、組織の財源が維持される一方で、当事者組織独自のボランタリーな活動が求められる。その結果、自立生活センターとして重要であったいくつかのプログラムは、必ずしも現在活発に展開されているとは言えない状況にある。自立生活プログラムや、地域でのアドボカシー活動は、すべてのセンターで活発に取り組まれているとは言い難い。草の根の実践から、個々の障害者の抑圧状況が明らかになり、そこからどうその状況を改革していくかという流れが、自立生活センターが行うＡＯＰの本質であるのだが、それを十分に発揮できない状況もある。今後、介護保険統合の動きが具体化すれば、さらに介護事業所としての位置づけがより強まっていくことにならざるを得ない。自立生活センターは、地域での事業と運動を組織としてどう両立させていくのかの正念場にあるように思われる。もちろん、この介護保険統合に抗うこと自体も、重要な障害当事者側の運動である。本人の自己決定、選択をあくまで中心においた介助システム（現状では当事者がつくり上げてきた重度訪問介護がこれに当たる）をどう維持発展させていくのか、むしろ高齢者介護の現状に切り込んでいくことも必要ではないかと思う。

事業体と運動体の関係についての問題は、日本にとどまらない。海外でア

ドボカシー活動する人たちもまた、組織の支援が制度化するなかで、運動体としての機能をどう維持していくのか苦悩している。2003年にキャメロン英首相の聖域なき社会保障費削減計画を間近に控えて、知的障害者の親の会からスタートし、多様な地域支援活動を展開していた団体の代表は、「今やっていることのほとんどが一律資金カットされてできなくなる可能性もある、そうなったら、また運動体としてやっていくしかない」と皮肉まじりに語っていた。2018年に訪問したトロントの女性ホームレス支援をしている団体のスタッフは、「州政府から資金を得ている団体は、運動体（アドボカシー活動）は1割以内に抑えるように強いられている」と言っていた。一方で、「もちろんそれ以上にやってますけどね」と笑いながらしっかりと答えてもいた。

　こういった問題は、当事者組織だけの問題ではない。ソーシャルワークが発展していく基盤として、アドボカシー活動の継続は必要不可欠である。社会の抑圧構造の枠組みに向き合い、それをどう変えていくかという視点を持たない社会福祉の支援は、抑圧を内在化させ、その枠内で生きること、あきらめさせることを強いる支援に陥ってしまうリスクがある。本来のソーシャルワーク機能を果たすことができる状況にするために、既存の制度の変革に主眼を置くことが、社会保障制度全体が縮小されている現状で極めて重要な支援の柱でなければならないと強く思う。既存の制度がどうであるか熟知するのみでなく、その制度が当事者にとってどのような問題をはらんでいるのか、絶えず現状肯定でない視点で、社会福祉制度のあり方を批判的に観ることからAOPは始まる。日本の福祉領域のなかで、継続的に自らのアドボカシー活動を展開している代表的な組織が障害当事者運動であることは、みんなが認めるところである。その活動に、ソーシャルワーカーがAllyとしてどうかかわることができるのか。日本のソーシャルワークにAOPが根づくことが可能なのかの一つの重要な試金石になるのではないかと考えている。

　2009年から2011年にかけて、障がい者制度改革が旧民主党政権下で行われ、障害者権利条約の下、あるべき障害者福祉制度にどう改変していくのか

が、障害当事者、その家族、支援者の代表で議論された。行政の用意した筋書がない議論の過程は、全国に動画配信され、多くの障害者や関係者たちがこの議論に関心を寄せていた。結局、政治的動向により、必ずしもこの議論の内容が制度改革にはつながらなかった。それをもって、この制度改革について、否定的に捉える向きもある。しかし、そうであろうか。多様な障害当事者（知的障害、精神障害の当事者）が参加し、障害者福祉の支援者や関係者とあるべき日本の障害者支援を議論し、一定の方針（骨格提言）を示した道程はしっかりと銘記すべき歴史的事実である。骨格提言をほぼ無視したかたちで厚生労働省案が示された会議後、当時委員であった私に、当事者運動のリーダーが語った言葉が強く記憶に残っている。

　「くさらず、あきらめず、こびず。そしてぶれずに主張し続けること、これが障害者運動のモットーである。ともに参加した人たちも同じ仲間として一緒に活動し続けよう」。ＡＯＰとは何かについて、より身に迫る強いメッセージであり、最後に記しておきたい。さらに障害当事者運動とソーシャルワークが Allyship を築き、あるべき方向に具体的に制度改変していくことが、これからの障害者福祉の課題であると強く思っている。

参考文献

全国自立生活センター協議会編、2001、『自立生活運動と障害文化——当事者からの福祉論』、現代書館。
中西正司、上野千鶴子、2003、『当事者主権』岩波書店。
安積純子、尾中文哉、岡原正幸、立岩真也、[1990]2012、『生の技法——家と施設を出て暮らす障害者の社会学』文庫版、生活書院。
横田弘、2015、『障害者殺しの思想（増補新装版）』現代書館。
渡邊啓二ほか編、1996、『自立生活センターの誕生〜ヒューマンケアの 10 年と八王子の当事者運動〜』。

8 支援者エンパワメントとAOP

竹端　寛

ソーシャルワーカーの魅力に気づく

　筆者はソーシャルワーク教育を受けていないし、社会福祉士等の国家資格も持っていないし、福祉現場の支援職経験もない。大学は社会学が専門であり、大学院では「ソーシャルサービス論」講座という新設講座に所属していた。

　そんな筆者がソーシャルワーカーに初めて出会ったのは、大学院の1年目で、精神病院*1に訪れたときだった。師匠からフィールド先として京都府内の公立精神病院を紹介してもらい、大学院生の5年間は、その病院を拠点としたフィールドワークを続けていた。医師や看護師などの仕事も観察したが、筆者が一番興味を持ったのが、ソーシャルワーカーだった。

　病院という閉鎖された・息苦しい空間のなかで唯一「娑婆の空気」が吸えるのがソーシャルワーカーの部屋であり、当時のソーシャルワーカーは入退院支援のみならず、近隣のアパート等に退院した「アパート退院患者」の人生全般の相談に対応し、社会資源がなければ自らが資源を生み出すような、即興的な支援を行っていた（竹端 2002）。

　何よりソーシャルワーカーの部屋では、いろいろな人がコーヒーを飲みに顔を出し（ワーカー室では昼食後、ネルドリップで大量にコーヒーを淹れていた）、医者も患者も家族も入り交じり、そこだけ「社会の風」が吹いていたのである。

　博士課程の2年目になっても博士論文のテーマが明確に定まらず、やきも

*1　「精神病院」の表記については6章の注1を参照。

きした師匠から「タケバタ君はソーシャルワーカーに興味があるなら、京都中の精神科ソーシャルワーカー全員に会ってインタビューして、そこから見えてくる課題を博論にせよ。それをしない限り、君には博論はない！」と断言されてしまった。

　ならば、走るしかない。師匠にそう言われたのが2001年の年末だったと記憶している。博論〆切まであと1年。そこから、フィールド先のソーシャルワーカーにお世話になり、京都府内の精神科ソーシャルワーカー（以下、ＰＳＷ）の集まりである京都精神保健福祉協会に所属していた132人全員に調査を申し込んだ。そして、88％に当たる117人が調査に応じてくださり、1人を除く116人に実際にお目にかかって、インタビュー調査を行った。1年間で100人以上の人にインタビューしたのは、後にも先にもこのときしかない。北は日本海側の舞鶴から、南は奈良との県境付近まで、南北に長い京都府内を毎日のように走り回り、様々な病院やクリニックなどを訪問し、1人1時間くらいを平均に、長い人になれば3時間近く話を伺った。今振り返ると、この経験が、ソーシャルワーカーの世界を垣間見る大きなきっかけであった。

　インタビューをまとめる際に、「ソーシャルワーカーの法則性のようなものがあれば、それをまとめては？」とも助言された。そこで、単に個別支援を行うだけでなく、地域をも巻き込んで社会資源をつくり出すなどの魅力的な支援実践を展開している人に共通する要素を整理していくと、共通したプロセスとして次の5つのステップが浮かび上がってきた。

ステップ1　ＰＳＷが当事者とじっくり向き合い、本音を聞く

ステップ2　当事者の想いや願いを実現するために、模索を始める→ＰＳＷ自身が変わる

ステップ3　ひとりで解決するのは困難と気づき、問題を共有する仲間をつくる→まわりの人々も変わりはじめる

ステップ4	仲間の連携がやがて組織や地域を動かし、居住環境や就労、所得などの側面が変わる→地域の資源が変わっていく
ステップ5	自信・誇り・役割意識などが当事者の中に芽生えはじめる→当事者が変わる

《精神障害者のノーマライゼーションを模索するPSWの5つのステップ》

　当時はその概念を知らなかったのだが、今振り返ると、これはソーシャルアクションのプロセスそのものではないか、とも思っている。そして、この内容は「精神障害者のノーマライゼーションに果たす精神科ソーシャルワーカー（PSW）の役割と課題──京都府でのPSW実態調査を基にして」というかたちでまとめ、2003年春に博士論文として受理された。

支援組織の矛盾に出会う

　博論を書いた後、2年間ほど常勤の研究職につけなかった。だが、その間に、ある支援組織の内情を深く知る機会が回ってくる。縁あって半年ほどの調査プロジェクトに当たり、地域で重度障害者を支えている福祉施設に協力が得られて、その組織でのフィールドワークを行った。博論でソーシャルワーカーの実態調査を行ってきたこともあり、その組織でも施設長と支援に携わる全職員（計27人）にヒアリングを行った。

　そこの職員たちは徹底的に当事者主体を大切にし、その支援は全国的にも有名であった。その一方、職員間はギスギスした関係性も見受けられたし、何より当事者に対する優しさや配慮と同程度のものが、同僚にはないようにも感じられた。27人に1人平均1時間半以上の聞き取りをするなかで見えてきたのは、組織的な不全をもたらす次の7点であった。

1	方向性・速度・やる気のズレ

2　職員の連携のなさがもたらすもの

　3　仕事や会議の非効率的・非効果的運営

　4　職人芸ではまわりきらない

　5　責任の所在の不明確さ

　6　部下の育成と自己変革の失敗

　7　自ら伸びていくことの失敗

　この組織は、重度障害者が地域での支援を受けられないまま家に置き去りにされているのに心を痛めた、志ある若者たちによるボランタリーな社会運動からスタートした。入所施設以外の福祉サービスがほとんどなかった時代、手探りで日中の居場所や支援のあり方をゼロからつくり上げてきた。夜中まで喧々諤々の議論を繰り返し、「飲みニュケーション」をしながら、支援論を熱く闘わせるなかで、やがて地域での理解も広がり、社会福祉法人化し、施設も大きくなっていき、給与も安定するようになってきた。開設から20年後には、先駆的な地域支援現場として全国的に名が知れ、全国から視察者が訪れる組織になった。

　だが、法人やサービスが巨大化する一方で、組織マネジメントはうまくいっていなかった。幹部職は20年前の社会運動団体のノリだったのだが、若手たちは国家資格化された後の福祉教育を受けており、「ちゃんとした組織」を求めていた。「社会運動的に行うこと」が、ときとして「組織の体をなしていない」と批判された。また世代間での価値観の違いが若手の離職につながる、などの構造的な問題を抱えていた。その内容は報告書「地域移行後の障害者地域自立生活を支えるスタッフ教育のあり方に関する基盤的研究」としてウェブ*2 に掲載された。

＊2　竹端寛「地域移行後の障害者地域自立生活を支えるスタッフ教育のあり方に関する基盤的研究」（https://www.dinf.ne.jp/doc/japanese/resource/japan/takebata/index.html）。

その後、どうやら7つの課題は、この組織だけの問題でなく、日本の少なからぬ福祉組織に共通する課題である、とも気づかされた。このＨＰを見た別の地域の異なる対象を支援する福祉法人から、この内容がそのまま自法人にも当てはまるので法人改革のお手伝いをしてほしい、と頼まれ、法人改革のお手伝いをしたことが2事例ほどある。

　そして、先日も、別の法人幹部から、こんなメールをいただいた。

　「15年前の先生の論文を拝読し、まるで私たちの法人のことが書かれているのではないかという錯覚を覚えました。まさに職員の誰かが口にしそうな内容がたくさん記されていて、きっと、みんな同じように思っていることがあるのだろうなと、感じました。」

　博論調査とこの施設調査の二つを通じて、支援者や支援組織の構造的課題が浮き彫りになった。そして、常勤の大学教員となった山梨で、その問いがさらに膨らんでいった。

現任者研修で課題に気づく

　2005年から2018年までの13年間、山梨学院大学で勤務していた。山梨県は人口が81万人と、全国で6番目に人口が少ない（世田谷区より少ない）。一方で、行政の福祉計画作成や障害者の相談支援体制の整備、高齢者の地域包括ケアシステム構築などは、人口の大小にかかわらず、27市町村単位での作成や設置が求められる。都会ならそれぞれの専門家が一定数いるので分業的にかかわるが、山梨ではそもそも大学も少ないため、東京や大阪のように福祉の専門家がたくさんいるわけではない。そこで、当時の筆者のような研究者の若造にも、そのような行政計画や支援システムの自治体単位での構築のお手伝いの仕事もめぐってきた。そのなかで、前述の二つの調査結果が、山梨の福祉現場でも同じように当てはまると感じ始めた。

　そのことに一番気づかせてもらったのは、7、8年間ほど、山梨県主任介

護支援専門員研修で「地域援助技術」の講義にかかわった場面である。事例検討を行うなかで、高齢者のケアマネさんに「あなたが地域支援で苦手や困難と感じる事例を出してください」とお願いすると、提出事例の大半が、障害に関するものだった。「認知症の疑いのある女性の支援に入ったら、統合失調症でひきこもりの息子とふたり暮らしで、息子が近所に迷惑をかけるのでどうしてよいかわからない」「要介護状態の父母のところには、シングルマザーでうつ病の娘がおり、孫は発達障害の疑いがあって学校にも通っていないようで、虐待の疑いがある」などの事例がたくさん出てきた。そして、受講したケアマネに話を伺うと、「認知症のことは支援経験があるけど、若年の障害者とどうかかわってよいかわからない」「精神障害や発達障害の人の見立てが苦手だ」「そもそも高齢者のケアマネが障害者の支援にもかかわる必要があるのか？」といった「本音」も聞こえてきた。

　最初は、ケアマネの精神障害への無知や無理解、偏見に対して怒っている自分がいた。だが、毎年のように同じような事例が提出され、出会い続けるなかで、これは個々人の偏見や技量のなさの問題ではない、と気づき始めた。介護保険制度や要介護認定という決められた枠組みのなかで、必要な支援をなんとか生み出そうと支援者１人ひとりは努力している。でも、ケース数をこなすためには、「見通しをつける」（＝支援者の想定する枠に当てはめる）ことが求められ、そのような見通しがつきにくい人のことを、「処遇困難事例」とラベリングしていることもわかってきた。

　しかし、それは、ラベルを貼られた本人だけの問題ではなく、その支援に当たる家族や支援者、地域や行政にとっての「困難」だ。決して本人だけの問題ではなく、周囲との相互作用の問題でもあることがわかってきた。そして、それにもかかわらず、それが「個人の困難」に落とし込められているところに、大きな構造的問題があることもまた、見えてきた。

　そこから、僕の研修のあり方は変化し始める。「誰にとっての、何の問題か？」を問い直し始めたのである。

誰にとっての、なんの問題？

　地域における困難な問題、というメゾレベルの課題も、これまではミクロな個人の問題と矮小化されてきた。「あの人は統合失調症（認知症、アルコール依存、ホームレス、発達障害、触法障害者、自傷他害の恐れがある……）だから問題だ」と。しかし、そういったラベルが貼られた人でも、地域のなかで自分らしく幸せに暮らし、地域とのコンフリクトを起こしていない人がたくさんいる。すると、それを性格や個性の問題とするよりは、その人と環境との相互作用の悪循環の問題であると考えた方がよい、ということが見えてきた。さらに言えば、「あの人は○○を抱えているから仕方ない」と本人の問題にするか、「○○を抱えているあの人の思いや願いを実現するために、私はどう変われるのか」と支援者の問題と捉え直すのか、の課題でもある。

　先述の５つのステップで整理した、ソーシャルアクションを行い様々な社会資源を生み出してきたソーシャルワーカーたちは、本人の病理や原因に問題を個人化することなく、当事者の想いや願いを実現するために、模索を始め、まず支援者自身が変わろうとしてきた。それに対して、そのような「困難事例」を対象者個人の（＝つまりは他人の）困難に落とし込むことで、支援者自身の変容課題として取り組まない、という構造は、組織内・組織間連携の問題を上司や部下、施設長の（＝つまりは他人の）困難に落とし込んで自分が変わろうとしないがゆえに、組織や構造的問題の悪循環がどんどん深まっていく、という先述の「組織的な不全をもたらす７点」と構造が類似していることも見えてきた。

　すると、他者や組織構造を批判しそれを変えようとする前に、まず支援者自身がどう変わることができるか、が具体的に問われる。５つのステップで明らかになったのも、当事者の思いや願いという本音をしっかり聴くことで、支援者が自らの思い込みや仕事の枠の限界に気づき、それを突破するために自分のアプローチを変える、というところが変化のスタートだった。

筆者自身も大学教員として多くの研修に携わり、また類似の研修を垣間見てきた。しかし、それらの研修の大半が、「対象者や対象地域を変えるために、どうすればよいか」という「他人の変え方」や、支援者のアセスメントやファシリテーション、コミュニケーション「スキル」の力量を上げる「自分の技術を向上させる」研修ばかりで、自分自身の支援やかかわり方の認識前提を問い直すような研修は、ほとんどなかった。

　つまり対象者向けでも自分向けでも、doing の研修がほとんどであり、自分自身の実存やあり方、という being を問い直す研修がほとんどない、ということもわかってきた。

　バイスティックのプロセス——"self-awareness"（自己覚知）を "self-reflection"（自己の内省）に結びつけて、そこから自らのあり方を振り返り、別のアプローチを希求する——を、ひとりですることは簡単ではない。しかし、他者や社会の抑圧に自覚的になろうとすれば、それ以前に本来自分自身がどのような人間で、どのような社会的な制約や抑圧の下で生きてきたか、について自己覚知や内省をする必要がある。

　逆に言えば、このような内省的プロセスを経ることなく、他者の変え方や自身の技術の磨き方を学んでも、自分自身の内省ができていないがゆえに、「わかったふり」「やったつもり」になるのではないか。そのような研修には意味や価値があるのか。講師側として、「今日はすごくためになるお話が聞けて、ありがとうございました」と感謝されるたびに、そのような己のアプローチへの不全感が強まっていった。

　そして、気づいてしまったのだ。研修に不全感を感じているのなら、他者を変える前に、己の認識を変え、研修アプローチそのものを変える必要がある、と。自らの認識前提を転換するプロセスは、生まれて初めて書いた単著（竹端 2012）で整理できた。では、その認識前提の転換に基づき、筆者の実践をどうしたら変えられることができるだろうか。

　その模索のなかでたどり着いたのか、『「無理しない」地域づくりの学校』

であり、「開かれた対話性」であった。

マイプランと自己覚知

　『「無理しない」地域づくりの学校』は岡山県社会福祉協議会が主催し、筆者が「校長」を務め、全国各地で「地域の担い手づくり」「起業しない起業塾」を行っている尾野寛明氏が「教頭」を務める「学校」である。月1回の連続講座を半年（6回）続け、受講生は原則すべての回に「登校」することが求められる。毎年10人程度の少人数の「受講生」が、毎回、自分自身の課題に関する「宿題」を持ってきて、その内容をプレゼンし、講師や他の受講生などからコメントをもらって、リバイスして、最終発表会に望む。そのような「学校」が2019年度で5年目を迎え、京都や明石でも、この「学校」方式の研修が伝播し、その内容の一部は書籍化もされた（竹端他編 2017）。

　この「学校」の特色は、対象となる受講生を「現場でモヤモヤしているけど、何をどう変えてよいのかわからない福祉関係者」としている点である。経験年数は問わないので、多くが現場経験5〜10年の中堅・若手であるが、なかには20年以上のキャリアはあるけれど新しく地域支援の仕事にかかわってどうやってよいかわからないベテラン、とか、福祉学科の学生で学生団体としてかかわってきたけどもう一皮むけたい人が受講するときもある。

　教頭の尾野さんは全国で上記のような「モヤモヤを抱えている普通人」を「地域の次世代の担い手（起業やボランティアリーダー）」として発掘していく塾を10年近く展開している。彼の講座に僕が見学に行ったときに最も衝撃的だったのが、受講生に自己紹介をしてもらったうえで、自分が実現したい世の中に向けてどんなことをやってみたいか、という「マイプラン」を考えさせ、それをブラッシュアップしていく、というプロセスだった。特に福祉現場の支援者は「黒子」意識が高く、自分は何者で、どんなことが好きで、これまでの人生にどんな挫折や成功があって……というかたちでの詳細な自

己紹介をする人はあまりいないし、それは現場では評価されない。もちろん、支援対象者（家族）に対して常に自慢するような支援者はダメである。でも、相手のことを根掘り葉掘りアセスメントする支援者が、自分のことを全く語らず、求められても自己開示しない・できない、のは対等な関係とは言えない。もちろん語りたくないことまで自己開示する必要はないが、少なくとも相手に語れる自分の「何か」を言語化することは必要だが、それすら困難に感じる支援者も少なくない。

　この「学校」を5年間行うなかで、筆者の果たした役割は、doing ではなく being を問いかけることだった。マイプランを言語化するためには、自分自身が何をしたいのか、という doing を自分に問いかけ、言語化し、ブラッシュアップしていく必要がある。だが、それをしていくプロセスのなかで、自分自身はどういう人間で、どんなことに痛みや苦しさを抱え、何を寸止めし、抑圧しているのか、という、自らの存在のあり方＝ being に対する問いを深めていく必要がある。しかしながら、そのような部分については、他者に自己開示したくないし、自分だって見たくない。なかにはそれがトラウマ化している受講生だっている。なので、この学校では無理矢理暴露させるのではなく、安心安全に話し合える場づくりを大切にし、「この場なら言ってもよい」「自分の言葉も受け止めてもらえる」という場をつくり続けてきた。そして、お互いの悩みやしんどさも、否定することなく、聞き続けてきた。そして、筆者は伺った内容について深掘りし、「それはどうしてですか？」と「なぜ？」と問い続けてきた。

　そういうプロセスを続けると、こちらが自己開示を迫ったわけでもないのに、最終発表時に「じつは……」と自主的に語り出す支援者が続出した。子どもが自死した、親が有名な施設経営者である、養子縁組をして子どもを授かった、片親で育って親を安心させたくて「いい子」の仮面をかぶってきた、以前の営業職で心身ズタボロになった……。

　他人に対して、だけでなく、自分自身に対しても抑圧している「蓋」を、

そのものとして自覚することは、その人のコアな部分に触れることである。だが、その抑圧に気づき、自分自身の「影」をも含めて今の自分を構成する大切な要素として認めることが、光と影の統合であり、自分自身を導く（lead the self）ことにつながる。そして、他者を導く（lead the people）とか社会を変えていく（lead the society）プロセスは、自分自身を導くことなしには、決して実現出来ない（金井・野田 2007）。

　つまり、18 年前に博論調査で出会った「5 つのステップ」を生み出すための、自分自身が変わるきっかづくりの場をつくり出していったのが、この『「無理しない」地域づくりの学校』なのかもしれない。そして、この学校を運営しているこの 5 年の間に、もう一つ、大きな転機が筆者に訪れる。

開かれた対話性

　2017 年の春、筆者は未来語りのダイアローグ（Anticipation Dialogue = AD）のファシリテーターになるための集中研修を受けた。ＡＤは、オープンダイアローグ（Open Dialogue = OD）の一つであり、フィンランド人の社会学者、トム・アーンキルらが開発した手法である（セイックラ ＆ アーンキル 2006 = 2016）。筆者は幸運にも、トム自身による集中研修を受講することができた。これは、筆者の人生観を変える研修であった。

　ＡＤは、先述の「困難事例」が発端となっている。保育園や学校で子どもの起こす問題に関して、親にも課題があると思った保育士や教員が家族面談をしても、その面談の結果かえって家族が拒否感を強め、問題は解決されるどころか、悪循環が増幅される。そのような現象の解決を求められたトムたちは、関係者間のコミュニケーション・パターンに注目し、そのパターンを変えようとするシステム論的家族療法のアプローチに着目した。さらにそこで、「心配事」に着目することにより、大きな転換が生まれる。困難事例、とは、支援者と本人や家族の間で生じている「関係性のなかでの心配ごと

（relational worries）」なのである。であれば、その関係性を変えるために、対象者を変えるより、支援者がまず変わることができるか、に焦点化された。

　具体的には、「支援者の私に解決できない心配事があるので、支援対象者やその家族、関与する他の支援者たちに協力してもらいたい」というかたちで、ミーティングを開く。そこには、筆者のようにトレーニングを受けた、その事例について全くかかわりのない第3者のファシリテーターが関与する。そして、「支援者の心配事」を解決した未来に「どのようなよい変化が起こっていそうか」「以前はどのような心配事があったのか」をひとりずつ語ってもらい、そのうえで、「そのような未来を実現するために、自分自身は誰と協力して何ができそうか」を語ってもらう。これを3時間くらいかけて行うなかで、困難事例がほどけていく、という「未来語り」なのである。

　この手法自体がもちろん秀逸なのだが、筆者にとっては、ＡＤやＯＤに共通する思想としての「他者の他者性」「不確実性への耐性」などが、「関係性のなかでの心配ごと」という概念とともに、大きな気づきになった。上記のミーティングは、落としどころが全く決まっていない、不確実なものである。だが、そこに参加した人々のことを信じ、その人たちの語ったことが、例え荒唐無稽なことに聞こえても、「いま・ここ」で差し出されたものとして尊重し、その内容を聞きながら、自分のなかで改めて内省や自己内対話をする。そのなかで、今まで知ったかぶりをしていた他者の知らない部分（＝他者性）に気づき、そうすることによって、自分が思い込んでいた（＝絶対に変わらないと思い込んでいた）心配事が相手との関係性のなかで揺り動き始める。そういうプロセスは、筆者の研修にもすぐに応用可能だった。

　例えば先述の「組織的な不全をもたらす7点」について、以前はそれを生み出す構造に着目し、それを変えるための組織改革に携わったこともあったが、組織体制をいじったところで、組織的な悪循環全体を変えることは容易ではなかった。悪循環を本当に変えたいのなら、「関係性のなかでの心配ごと」なのだから、組織改革の前に、上司と部下、同僚間などのコミュニケーショ

ン・パターンそのものを変える必要がある。しかも、落としどころを決めずに相手の話をじっくり聞く、という「開かれた対話」の場面が職場のなかにないから、組織的な心配ごとが生まれてくる。

　そこで、最近では研修の場面で、「現場支援で感じたモヤモヤ」を事例発表してもらい、それに基づいて「似たようなモヤモヤを感じるのはどのようなときか」を、異なる年齢・ポジション・役割の人々で語り合ってもらう場面をつくることが多い。すると、お互いが困難に感じる内容の違いや、相手の意外な本音などに出会い、自分のあり方を振り返ることになった、というフィードバックをしばしば受け取る。チームで一緒に考え、他者の視点（＝他者性）を尊重することの大切さを、こちらは強調したわけではないのに、ダイアローグのなかから気づき始めた、というリプライも返ってきた。つまり、安心安全に話せる場をつくり、開かれた対話性を重視すると、そこから学び合いの場が生まれてくると感じた。

批判的意識化

　なぜＡＯＰの本のなかで、『「無理しない」地域づくりの学校』や開かれた対話性のことを長々述べてきたのか。

　それは、抑圧の蓋を外し、自分自身にも他者にも対話を開く、というプロセスは、支援者にとっても簡単ではないからである。ましてや支援者が対象者に〇〇してあげる、という指導や査定のような about-ness のアプローチでは達成し得ない。むしろ、ともに悩む人が、関係性のなかでの心配ごとを一緒に考え合うという with-ness アプローチに転換しないと、抑圧の問題に携わることはできない。

　そして筆者は、博論調査や施設調査を通じて、支援者に内在する様々な抑圧に気づき、それを解消するために、「学校」やＡＤというアプローチを通じて、with-ness なあり方を模索している、と言えるかもしれない。そして、

それこそ抑圧を社会化するうえでの批判的意識化（critical consciousness）につながるのかもしれない。このことを半世紀前から提唱している教育学者、パウロ・フレイレは、次のように述べている。

> 　抑圧されている者はその状況による制約はあれど、状況を変革することができる。本質的に重要なのは、抑圧的な現実が課す制約を認識することであり、その認識を通して、自由への行動に向かう原動力も得ることができるということである。（フレイレ 1970 = 2011: 32）

　抑圧されているのは、支援対象者だけではない。支援者自身も、「抑圧的な現実が課す制約」に無自覚であり、つまりはなんらかの抑圧を内面化している場合が少なくない。にもかかわらず、彼女・彼は他者の抑圧の問題にも向き合うことになる。そのうえで、彼女・彼は支援者にも支配者にもなることができる。その際に、自らの抑圧に無自覚であれば、他人の抑圧にも自覚的になるのは簡単ではなく、下手をしたら「だらしない」「甘えている」「もっとちゃんとすべきだ」と、抑圧の加担者に転換する可能性だってある。

　対象者がなぜ「だらしない」ように見えるのか。「周りに迷惑ばかりかける」「困難事例」とラベルが貼られているのはなぜなのか。本人にどのような「思いや願い」があり、それをどうあきらめたのか。「どうせ」「しかたない」と自暴自棄になるまでに、どのようなプロセスを経てきたのか。そして家族や友人や様々な社会的ネットワークとのつながりがどう切れ、悪循環に陥っていったのか……。

　このような「抑圧的な現実が課す制約」をそのものとして意識化し、それを鵜呑みにせず、「状況を変革することができる」と批判的にその現実と向き合っていくことが支援者にできれば、支援者と対象者の関係は、about-ness ではなく with-ness の関係になる。そして、そこから、「関係性のなかでの心配ごと」の変容は始まる。そして、対象者の「抑圧的な現実」と向き

合うためには、まずは支援者自身が自らの「抑圧的な現実が課す制約」について、批判的意識化を行うプロセスを行う必要がある。自らの無力さに気づき、それを乗り越え、lead the people の前に、lead the self を取り戻すプロセスが必要である。そのためには、「開かれた対話性」が必要不可欠になってくる。

おわりに

筆者がＡＯＰの実践に出会って可能性や希望を感じているのは、上記のプロセスを可視化してくれるのがＡＯＰ実践ではないか、と感じているからである。個人的な課題に潜む社会的抑圧に自覚的になること。それは、対象者個人の問題ではない。対象者とともに暮らす社会の問題は、自分自身の問題でもある。そして、己にも共通する抑圧的構造に対して「それは嫌だ」と言うことは、他人ごとの問題を自分ごととして考え直す、認識の転換である。そして、支援者自身が自らの「抑圧的な現実が課す制約を認識することであり、その認識を通して、自由への行動に向かう原動力も得ることができる」のである。その「自由への行動に向かう原動力」こそが、反抑圧的実践へとつながっているのである。

それが、無力化に陥った支援者がパワーを取り戻し、他者の無力化にもともに闘う主体へと変化するうえでの、支援者エンパワメントの道筋の第一歩なのではないか、と思い始めている。

参考文献

Freire, P. 1970, *Pedagogia do oprimido*, Paz e Terra.(=Ramos, M. B. 1993, Pedagogy of the Oppressed, New York: Continuum)（＝三砂ちづる訳、2011 年『被抑圧者の教育学──新訳』亜紀書房。）

金井壽宏・野田智義、2007、『リーダーシップの旅─見えないものを見る』光文社新書。

Seikkula, J. Arnkil, T. 2006, *Dialogical Meetings in Social Networks*, Karnac.（＝高木俊介、岡田愛訳、2016、『オープンダイアローグ』日本評論社。）

竹端寛、2002、「ボランティアとは言わないボランティア──福祉資源としてのＰＳＷ」『ボランティア学研究』3 号、67-83 頁。

竹端寛、2012、『枠組み外しの旅──「個性化」が変える福祉社会』青灯社。

竹端寛・尾野寛明・西村洋己編、2017、『「無理しない」地域づくりの学校──「私」からはじまるコミュニティワーク』ミネルヴァ書房。

＊本書の 6 章・8 章（竹端執筆部分）は科研費（20K02239）の助成を受けたものである。

終章　明日から始める反抑圧的ソーシャルワークのタネ

【座談会】坂本いづみ・茨木尚子・竹端寛・二木泉・市川ヴィヴェカ

ＡＯＰとの出会い──海外のソーシャルワーク教育での位置づけ

編集部（以下、──）　本書の魅力はなんと言っても、日本で初めて反抑圧的ソーシャルワーク（以下、ＡＯＰ）を理論から実践まで紹介している点です。
　まず、みなさんがＡＯＰに出会ったときのことを教えてください。

二木　私が初めて論文でＡＯＰを紹介したのは、2017 年です。その前の大学院在学中から、カナダですごくＡＯＰが流行っているのを感じていました。
　この概念はとても大事だし、日本の人に知ってもらいたいけれど、私自身が実践できているわけではないと感じていました。そこで、カナダの福祉関係の求人情報でどのようにＡＯＰという言葉が使われているのかを調べて論文にまとめたんです。

市川　私とＡＯＰの出会いは、2017 年にトロント大学の修士課程で学んでいたときでした。ＡＯＰを知って、自分がこれまで見聞きしたり、体感してきた、なんとなくの生きづらさのようなものに「これだったんだ！」と名前をつけてもらった、認識できるようになったという感覚が大きかったです。
　ソーシャルワーカーとして生活援護課でかかわっていた方々や、友人、社会の「普通」からはちょっと外れた大人たち、自分自身がマイノリティ性を

持って日本で生きてきたなかで感じたやりづらさを外在化（一人ひとりの問題としてではなく、社会ごととして認識）できた、という気持ちが強かったです。

——二木さん、市川さんは、カナダで学ぶなかでＡＯＰに出会ったのですね。カナダで教鞭を取られてきた坂本さんは、ＡＯＰ理論がメジャーになっていく過程を肌で体験されてきたのではないでしょうか。

坂本　私が最初にＡＯＰについて知ったのは、1997 年ですね。イギリスの書店でたまたま見つけて、こういうのがあるんだ！　ってとても嬉しくなりました。その頃は、アメリカで多文化ソーシャルワーク（multicultural social work）と言われていたものに限界を感じていたので、突破口になるのではないかと思いました。当時はアメリカで博士課程に在籍していたのですが、ＡＯＰに関する情報は皆無に近い状態で、イギリスの影響が強いカナダなら可能性があるかなと思い、2002 年にカナダで大学教員になりました。2002 年のカナダ・ソーシャルワーク学校連盟の学会でＡＯＰがテーマになって、私も発表したり、その後それを論文として出しました。それ以降、カナダの研究者とＡＯＰの勉強会をしたり、ＡＯＰ的視点を自分の授業や研究に取り入れたり、ずっとＡＯＰについて考えてきましたね。
　カナダでは、2000 年までには、カナダ・ソーシャルワーク学校連盟で反人種差別やＡＯＰ的考え方が教育課程に必要だということが認識されてきていました。人種・性別・性的指向・年齢・障害・社会階層・先住民のステータス・（公用語である）フランス語話者など、それによって起こる違いについて勉強しなくてはいけないということになっていたんです。私のいるトロント大学のソーシャルワーク修士課程は、2005 年から修士課程 2 年生のための「社会正義と多様性専攻」を設立していて、市川さんが受けたのはその専攻になります。

ＡＯＰが日本の福祉実践にもたらす希望

——ありがとうございます。北米では 2000 年代前半にはすでにＡＯＰの理論が蓄積されていたんですね。しかも大学教育にもしっかり反映されていたという。一方で、日本はどうだったのでしょう。

茨木　私がＡＯＰと出会ったのは、1998 年頃と意外と早かったんです。当時、イギリスはソーシャルワーカーの資格制度が大きく変わっていった時代で、そのなかでＡＯＰが教育の柱の一つとして盛り込まれていました。

　日本の現場の人たちが使えるような実習教育のテキストを訳して『社会福祉実習をどう教えるか』（マーク・デュエル著、誠信書房、1999 年）として出版したのですが、訳者のひとりであった私にはかなり違和感があって……。例えば、反差別的実践として、LGBTQ をどういうふうに実習教育で教えるかとか、人種や民族差別について、現場ではどんな複合的な差別があるかを示せといった内容だったのですが、「これはイギリスではわかるけど、日本で実践するにはどうしたらいいんだろう……」と。だから、私はＡＯＰはまだ日本では時期尚早なのかなと思っていました。

　2003 年に研究休暇を利用してカナダに行き、ソーシャルワークのいくつかの授業に参加させてもらったときにも、全体の教育プログラムとしてＡＯＰに取り組んでいるという印象はまだなかったんですね。しかし、2018 年に再びカナダを訪れて、いろんな現場に話を聞きに行ったときには、実践のなかで当たり前のようにＡＯＰという言葉がでてくるようになって、「ああカナダでは 15 年近くかけて根づいてきたんだな」と感じました。

　やはり定着するには、時間かかるんだなと思いつつ、まずはソーシャルワークを実践する一人ひとりが変わらないといけない、と気づかされました。だから、前の翻訳本ではうまく伝えられなかったけれど、あきらめずにもう一度ちゃんと日本にＡＯＰの種を播きたい、ということで、この本をぜひ出し

たいなと思ったんです。

竹端　僕は 2018 年に茨木さんに誘われて、ＡＯＰをカナダで実践している現場の人たちの話を聞いたのがきっかけです。理論と実践がつながっている話を聞き、なるほど、そういうやり方なら日本の現実を変えていくことが可能なんだと、何か新たな光を見た思いがしました。

　でも、同時に、「全く新しいもの」というよりも、日本の現場にも同じような面白いことをやっている人たちはいるし、そこに「反抑圧ソーシャルワーク実践」というラベルの貼り方をしたら、いろんなものがつながってくるんじゃないかと思ったんです。

　もっと踏み込んで考えると、日本ではこれまでの身体障害者による自立生活運動と、知的障害者の支援と、精神障害者の運動が全然つながってなかったけれども、ＡＯＰというかたちでつなげられるかもしれない。それができたら、今度は児童福祉の実践、高齢者福祉の実践……と、ＡＯＰを通して、ソーシャルワークを捉え直すことができるのではないか。そうしたら、もっと面白いことになるのでは、とカナダに行ってからちょっとずつ感じ始めたんですね。それで、坂本さんと茨木さんに、一緒に勉強してくださいと申し出て、始まったのがこのプロジェクトです。

サービス偏重主義に陥る日本の社会福祉制度

――本書は竹端さん、茨木さんの問題意識から始まっているのですね。日本の社会福祉について思うところを、もう少しお聞かせいただけますか。

竹端　1987 年、イギリスの首相であったマーガレット・サッチャーは「社会なんてものはない。存在するのは個々人や家族だ」と言い放ちました。日本でもある種、この延長線上に、サービス偏重主義が進んできました。

例えば、放課後等デイサービスができると、障害のある子どものお母さんは助かったりするわけですよ。でも、それは個人と家族が助かるだけであって、社会の問題として障害のある子をどのようにサポートしていこうかとか、障害のある子がどのように学校空間のなかで抑圧されているのか、という社会構造のなかでの差別や抑圧の話は置き去りにされ、「制度やサービスができたからこれでおしまい」と言って分断されてしまうんですよね。

茨木　ソーシャルワーク教育でもそれは感じますよ。福祉サービスが報酬単価に切り替わってからまだ20年ぐらいしか経っていないにもかかわらず、社会福祉サービス給付が医療制度と同様に報酬単価で決まっていくと、その制度をベースに利用者さんをアセスメントして、重度の人と軽度の人に分けて、報酬単価に沿って事業者がどう収入を得ていくかが大事な点になってきてしまう。

　先ほどの竹端さんの放課後等デイの例でいくと、どんなサービスが使えるか、の前に、障害者の家族としてこれからどう生きていくかとか、障害のある子がこれから自立していくために今何が必要か、という議論が抜け落ちてしまうんですよね。もしかしたら、制度を使わないことのほうが意味がある支援になるかもしれないじゃないですか。お母さんが働きに行けるのはいいけれども、それを使わないことで、その子の力になることがあるかもしれない。でも、サービスを使わなければ、事業所にお金が全く入らないのでやっぱりみんな制度を使って、事業所にお金を入れる。良心的なワーカーは、制度による支援だけではできないプラスαの無償の支援をしている。そんな状況がずっと続いているんです。

　本当は、「放課後支援って、そもそもなんで障害のある子と障害のない子とを切り分けてるの？」「それがない時代って、一緒にやってたよね？」「じゃあ一緒にやるためにはどうしたらいいんだろう？」って、構造批判に目を向けてもらえないのは、私はすごく危険だなと思っています。

竹端　社会構造と制度、そして社会運動の3者は緊張関係にあるはずのもの。でも制度ができてしまうと、社会構造の問題が矮小化されて、制度のなかでどう解決していくのかという話になり、社会運動も矮小化されてしまう。

　そうすると、自分たちが抑圧されている構造というものがどんどん見えにくくなる。逆に制度が豊かになればなるほど、その社会構造の抑圧性については問われなくなり、既存のサービスのなかでどう解決できるのかに焦点化されてしまう。

　それはじつは、ソーシャルワークの課題そのものなんです。相談支援というものが、それなりに制度化されることによって、サービスの範囲内でなんとかするのがソーシャルワークだという話になっていってしまった。

　つまり、抑圧を見えなくする力に、ソーシャルワークも加担してしまってるかもしれないんですよ。そこを問い直すことに意味があるんじゃないでしょうか。

坂本　今のお話は、いわゆる先進国において共通していると思います。この20年くらいで、社会問題の個人化が加速して進んでいますよね。アメリカでは9.11同時多発テロ以降、国家の権力がさらに増していて、抑圧によって受けた影響の後始末をする責任が、個人に押しつけられる構造が定型化してきています。

　個人やコミュニティが経験する社会問題に対して、社会構造がどう影響を与えているかという視点は、1970－80年代の「ラディカル・ソーシャルワーク」など、マルクス主義的な考え方の他、フェミニズムや反差別運動、障害者運動など社会運動の貢献が大きいです。これは、ＡＯＰにも大きな影響を与えました。ラディカル・ソーシャルワークはその後、カナダやオーストラリアで構造的ソーシャルワークに発展していきましたが、社会階層により光を当てていて、交差性と複合差別の問題に弱い印象です。

　ただ、近年はソーシャルワークの源流の一つとも言える、「反貧困」とい

う考え方が弱くなってきているので、それを思い出させてくれるという点では、構造的ソーシャルワークの貢献も大きいなというふうに思います。最近少なくともカナダでは、構造的ソーシャルワークとＡＯＰが批判的（クリティカル）ソーシャルワークの一部という考え方になってますね。それと同時に、この10年ぐらいでＡＯＰがより一般化してきて、社会正義を追究して交差性を考慮に入れているソーシャルワークであれば、なんでもＡＯＰと呼ばれるようになってしまった、という問題もあります。

「うまくいかないのは自分のせい」と感じている人にこそ、読んでほしい

──ここからは現場レベルのお話を伺いたいのですが、みなさんはＡＯＰを知って日々の行動や考え方がどんなふうに変わっていきましたか？

二木　私は日本にいて辛かったときに、自分でいろいろ工夫して解決しようとしていたんですね。カウンセリングに行ったり、友人に聞いてもらったり、お酒を飲んで紛らわしたり。でも生きづらさの背後には、もっと大きなものがあったわけです。その「大きなもの」を問うことや変えることは非常に難しい。人の生きづらさを引き起こさせているが何かを突き詰めて考えるのって難しいじゃないですか。

　だから私も含めて、日本ではそれを考えることを避ける傾向にある。飲み会をしたり、いろいろな機会を設けて個人的に発散していかないとやっていられないよね、で終わってしまうんだと思うんですね。

　じゃあ、なぜカナダに来て問題の背景や構造を問うことができるようになったかというと、周りにそういう人がたくさんいたからです。「この仕組みっておかしいよね？」とか、「そもそもこの制度って変じゃない？」とか、私からすると、「そこまで言っていいんだ！」ということをサラッと言って

くれるんです。自分が頑張ってアクセスしようと思わなくても、そういう人たちに自然と出会うことができた。例えば、私が何か変だなと感じているときに、「それは仕組み自体がおかしいから、変わるべき。怒っていい」と言ってくれるような人たちに恵まれたんですよね。

　最初は、それがAOPだと気づかなった。でもAOPの定義や、考え方に触れることで、「なんか変だな」という小さな気づきもAOPの一部であると言っていいんだと気づくことができました。

茨木　自分の実践をまずきちんと省察し、個人と構造を見ることで、これまで個人の責任だと思っていた問題が変わっていく。そこに気づくことで、問題の原因やその問題の対処の仕方が変わってくる。その気づきが、AOPの一番大事なところです。

市川　AOPは、マニュアル対応の対極にあるのが魅力ですよね。私が勤めていた役所に限らず、すぐマナー研修だとか、利用者の満足度向上のためには、こういう言葉を使いましょうだとか、やさしい日本語だとか、表面的な部分を変えることで、「はい、やりましたよ」って終わりにしたがるところが多い。

　AOPを学んでから短期で前の職場に戻ったときに、職場の違和感に対する自分のかかわり方が変わりました。意見を述べるようになった。それが実際の変化につながったかというと、そうではないのが残念ですが。

　それでも、何もせず見て見ぬふりをして終わらせることは、結局同じようなことに躓いたり、しんどい思いをする人を再生産する、その足場をつくっているのと変わらないんだ、っていうことに気づきました。

――AOPを初めて知ったときに、「これまでの自分が責められている！」とか、「こんなに大変なのにそんなこと言わないでくれ！」という気持ちに

ならなかったですか？

市川　もし、日本で勤めていたときに、いきなりＡＯＰと言われていたら、なんというか、いじけてしまうような反応になってしまったのかなっていう気持ちも、ちょっとあります。

竹端　「自分が悪いんだ！」「自分が責められてる！」と、自己責任論をものすごく内面化している人が多い。そうすると自分が一生懸命やればいいんだ、自分の技術が足りないからだ、もっと頑張らなければならない、という考えに回収されていくんですよね。
　だから、頑張り屋な人ほどこの本を読んだときに、腹が立つかもしれないですね。自分の経験や頑張ったことを否定されてるように思うかもしれない。
　でも、この本で伝えたいのは、あなたの経験や頑張りの否定をしたいわけではなく、あなたの経験や頑張りだけではどうしようもない現実──つまり社会構造の抑圧の問題──なのに、それをあなたの経験や頑張りだけで回収できると思い込ませてしまっていることがあかんのよっていうことなんです。

抑圧された一人ひとりの「ささやき声」で変わっていく

──ただ、構造を変えるって、少し想像しにくいです。具体的には、どのような状況や取り組みがあげられるでしょうか。

二木　カナダの職場では、あんまり私が頑張りすぎると、他の人も頑張らなきゃいけなくなるからほどほどにしたほうがいいとか、ちゃんと休憩を取ろうとか、休みの日は働かないほうがいい、といった声かけがなされます。なぜなら、あなたの同僚や後任で来た人に周りが同じことを求めてしまうでしょう、と。

もちろんみんな頑張るし、努力もするし、研修も生かして新しい知識も得ていくんだけれども、でもそれはあくまで職場全体として向上していくべき。競争するのではなく、協力し合ってるのだから、自分だけが頑張らなきゃって思わなくてもいいという雰囲気があります。

茨木　「対等」とか「協力」っていうのは大事ですよね。2003 年にトロントの自立生活センターに毎週行かせてもらったときにすごく面白かったのは、カナダの介助者って、気が利かないというか、利用者が何か言わないと何もやらないんですって。でも自立生活センターの当事者の人からすると、「いや、日本の介護者と当事者の関係性のほうが不思議だよね」「当事者が視線を送るだけで介助者がスーッと書類をめくったりとか、すごいけど、どうもあれを見てて気持ちが悪かった」「歌舞伎の黒子のように、支え手がいてうまくいっているのに、黒子の顔は絶対に出ないよね」って言われたんです（笑）。日本だと、どうしても介助する側／される側の関係に対等感がないっていうか……。

──「お金をもらってるんだから、黙ってやらないと」みたいな雰囲気が日本の介助者にはあるのかなと思うのですが、どうでしょう。

茨木　お金をもらってるからモノが言えないっていうのは、すごくゆがんでいませんか？　むしろ、お金をもらってるからこそちゃんと言ったほうがいいかなって私は思う。そこは契約に基づいてやって、でも自分が疑問に思うんだったらちゃんと伝えないと。我慢していると、絶対どこかで爆発しますよね。
　黙って従事するのがいいことだという考えは、介助者関係じゃなくても、社会福祉の業界全体にある考え方なのかなっていう気はちょっとするんですね。実践現場で疑問に思ったり、納得いかないことについてはそれってどう

なの？　っていう素朴な問いかけが必要なのかなって思います。

坂本　本書でご紹介したドナ・ベインズの本がなぜよいかというと、「Doing Anti-Oppressive Social Work Practice」（反抑圧ソーシャルワーク実践をすること）と言って、実践と理論の間を埋める方向を示してくれたところです。実践をしている人たちからの「じゃあ一体どうしたらいいの？」という点に応えてくれている。そんな本が日本でも出るといいのですが……。

抑圧構造の温床

市川　ＡＯＰを日本の福祉現場での日々の業務や、職員とのかかわりのなかに持ち込むときに、一番の壁になると思うことがあって。それは、「何を言うか」よりも「誰が言うか」があまりにも大きな意味を持っていることです。日本では、自分より立場が下だと思っている相手が何かものを言ったときに、反発がものすごいあると思うんです。

　これまで私自身が「若い女性」や「非正規職員」という立場で働いてきて、何かに異論を訴えたかったときに、対等に耳を傾けてくれたことがどれだけあっただろう？　って。上司にとって都合がよく、職場にとって重宝な職員でいる間はニコニコしていたその顔が、一瞬で般若のようになったり（笑）。それを経験すると、やっぱり「黙っていたほうがいいんだ」と思います。

　あとは、「ここを辞めたら、次の職場あるかな……？」と思ったら、そこまでのリスクをとっても意見をしようとは、やっぱり思えないですよ。この現実を社会として見つめ直すことがないまま、本当の対等な福祉だとか、ＡＯＰだとかを私たちの国の文脈のなかで根づかせるのは難しいし、声をあげる側だけに背負わせる責任が大きすぎます。

坂本　私も、日本ではモノを言った瞬間に叩かれるっていう経験を何回もし

ました。「見えない序列」と「見える序列」っていうのがありますよね。例えば、女性がモノを言った瞬間に、男性同士が結束することがありますよね。それは普段見えにくくても、確実に存在する序列を守ろうとしてるんですよね。そして、空気を読まない、忖度しない、つまり、存在する序列に従わないと、「わかってない人」「大人じゃない」「何様だと思っているんだ」と言われる。日本には、そういう人を蔑視し、序列のなかに引き戻すような言葉とか表現がたくさんありますよね。出る杭は打たれる、とか。本当にモノが言える人は、もともと序列の上にいるか、序列のなかを上がって行って地位を得た人だけ。キツイなあと思います。

竹端　この本の面白いところは、男性はぼくだけ！　ってところ（笑）。日本の出版界だとか日本のアカデミズムの世界のなかでも、残念ながら珍しいんですよね。でもその男性中心主義がそもそも変だし、それはたぶん福祉現場でも気づかないままなんですよね。

二木　福祉現場は女性が多いですよね。福祉系の学校でも学生は女性が多い。でも教える側は男性が多い。高齢者施設も、施設長は男性が多いですよね。これって不自然だと思うんですよ。男性は正社員で入って、そのまま若くして施設長になるっていう場合が結構ある。現場に多くいる女性は、家庭でケアを担っていたりして、パートだったりとか、非正規労働者側につくことが多いんですよね。
　でもそれは、本当に自分が選んでるのかっていうと、大きな仕組みのなかで選ばされてる立場ですよね。そこに今まで誰かがきちんと何かを言ってきただろうかっていうことは思いますね。

――日本では介護労働者の声が極端に弱いのかもしれません。二木さん、カナダの現場を見ていて思うことありますか。

二木　介護労働者としてカナダで安心して仕事ができている理由の一つには、組合の強さがありますね。新型コロナウイルスのことがあっても、すぐにアンケートが来て、「何か困ったことはないですか」とか、聞いてくれるんです。そういうことで労働者の声を代弁してくれている。

　今まで、組合費も高いし、何の意味があるのかな、なんて思ったりもしたんですけど、何かが起きたときにすごく強い。オンタリオ州政府に強く働きかけてくれたことで、期間限定で時給が４ドルぐらい上がったんですね。介護施設だけに限らず、訪問介護、医療者、シェルターのような福祉施設の職員の時給が上がった。それだけで、「守られてる」というふうに思えました。

「自分のしんどさがどこから来るのか」を見つめてほしい

——序列のなかで息をひそめている人たちの声を、どうすくい上げていくかが、ＡＯＰを進めていくうえで一番大事かもしれないですね。

竹端　ひとりで考えずに、まずは周りの人とおしゃべりしようよ、と伝えたいですよね。違和感をガンガン口にしてください。「どうせ」と言って蓋をせずに、仲間と話し合ってみる。日本の職場環境では政治的なことは一切言わないっていう空気がありますが、「変だよね」「なんか違うよね」と口にするってのがすごく大事なんだと僕は思っていますし、明日からできることでは、と思います。

茨木　誰かと話すときには、同じ職場じゃなくてもいいと思っています。教え子たちによく言うのは、例えばゼミの同期とか、違う職場に就職した人たちが会うっていうのも大事だよ、と。

　そのときに愚痴の吐き合いになってもいいと私は思っていて、ただ、飲んで発散するだけじゃなくて、「どうしてそんなことになってんだろうね」と、

視点を広げたり、ずらしたりすることも同時にやってほしいんですよね。自分のしんどさがどこから来てるのかっていうのを、語り合いのなかで見つけてほしいなと思っています。そこの気持ちの持っていき方ひとつで変わっていくことって、きっと大きいですよね。ささやき声から始めて、そのささやき声を小文字のpから大文字Pにする。その連続性がわかったら、みんなあきらめないようになったりするのかなって。

市川　愚痴の吐き合いから、どうやって一歩進んでいくかっていうところについては、「私たちの扱われ方ひどいよね」という感覚を、人権意識につなげていくことが必要なんじゃないかなと思います。自分の人権が踏みにじられていると気づくこと、そして、同じことが自分が支援に携わっている人にも起きたときに怒ることができるかどうか。たぶん、自分たちの身に起きている理不尽なことがしょうがない、ある意味で当たり前のこととして認識されているんじゃないでしょうか。自分が辛さを感じていることと、クライアントの身に起きていることが、ひと続きの社会の抑圧として、うまくリンクしていないんだと思います。

　でも、お互いを苦しめているその状況を変えられる方法があるんじゃないかという発想やアイディアを、私たちが日本で教育を受けて、福祉の仕事に就くプロセスのなかで一度も教えてもらう機会がない。それ自体に怒りを覚えます。

二木　その点について、私が気をつけたいなと思ってるのが、自分の権力性についてです。社会福祉の専門家としてサービスを提供する／しない、どのようなケアを提供するかという権限を持っていると思うのでそこは気をつけたいと思っています。あとは、職場でもそれ以外でも、自分が年齢を積み重ねたり、職位が上がることで力を持っていくことについても、今後より気をつけていきたいですね。

「立ち位置を使い倒す」＝脱「いい子」への第一歩

――最後に、現場のみなさんへのメッセージはありますか。

坂本　やっぱり、社会福祉の世界に入ってくる人は、「いい子」が多いんですよね。それは、社会のなかで「都合のいい子」になるように育てられてきたっていうことでもある。だから、ぜひチャレンジしてほしいのは、①「いい子」であったことで報酬を受けてきたことに気づく、②いい子でないとどうなるかを考えてみる、③「いい子」な自分を止める、④いい意味でトラブルメーカーになる、ですね。

　もちろん、いきなり職場で反乱を起こしてクビになってしまったら元も子もないので、まずは、どういうところだったら自分の権力性を自分が変えたい問題にうまく使えるのかをよく考えてほしいです。利用者さんとの会話かもしれないし、家族への声かけかもしれないし、それから同僚との話かもしれないし、ちょっと離れたところにいる大学のときの友だちとつながってそういう話を始めることかもしれない。小さな一歩でいいから取っ掛かりを見つけてほしいです。

　大きな一歩を！　と思っていると、やっぱり潰れてしまうと思うので、どんなに小さくてもいいから、自分にとっての一歩は何かなって考えてみてください。

二木　小さな一歩を、というお話でしたが、一人ひとりがクライアントに向き合うときに、自分がＡＯＰの考え方を知って、それを少しでも生かそうと思っているだけでも、相手に何か伝わると思うんですね。そのことが直接何か制度を変えるとか、社会を変えるとかっていうことにつながらなかったとしても、その視点や気持ちを持って、相手に接することができたと自分で思えるだけでも、ＡＯＰを実践していると言えるんじゃないでしょうか。

——まずは自分と目の前のひとりを変えるところから、ですね。先ほどの「権力性を使う」という言葉はどのように理解したらいいでしょうか?

坂本　自分の「特権」をうまく使う、ということです。

　例えば、自分が中間管理職だとしたら、下の人には言えないことが自分には言えるかもしれない。「これどうなんですか?」って疑問を出しやすい。ソーシャルワーカーで制度に詳しければ利用者さんのために、この制度はこういう解釈だけど、こういうふうにも使えるんじゃないか、と提案するとか。研究者で、難しい行政の文書を読みこなせるんだったら、「これは変じゃないですか?」と意見を言ってみるとか。

茨木　自分の権力性に気づくというのは、とっても大事だと思います。自分が権力を持っていることに自覚的になり、弱い立場の人の側に立ち、そのために使う。抑圧のなかの自分の立ち位置に気づいて、それを生かしていく。ストリートレベルにいるワーカーだからこそできることもたくさんあると思います。

竹端　立ち位置を使い倒すっていうことね。

坂本　そうそう。社会福祉士っていう資格だったり、正規の職員という立場だからこそ言えることに気づくことですよね。

　もちろん、支援者がしんどい立場に置かれていることは事実なのですが、自分が制度の犠牲者になっているという意識があまりにも強すぎると、自分の特権やアクセスできる資源に気づけなくなってしまうと思います。問題の構造がわかれば、少しずつでも変化をつくっていく「闘い方」はたくさんあると気づくことができるはずです。例えば、組織の中で地位を築いて中から闘う、とか、組織の中から外の人と協働して活動していく、とか、中からが

難しければ、いっそ外に出て、違う立場から問題提起する、とか。

　自分の経験していない他者の抑圧を本当に理解するのは難しい。でもあなたが何か権力や資源を持っているなら、まずそれに気づき、そしてそれを使い倒す、それが、「明日から始めるＡＯＰ」にとって大事だと思います。

──決して自分も無力なだけの存在じゃないんだ、と気づくことが大切ですね。この本が脱「いい子」への一歩になることを願って、座談会を終わりにしたいと思います。みなさん、どうもありがとうございました！

あとがき・著者紹介

　日本を離れて四半世紀以上になる私にとって、日本語での執筆は正直ハードルが高かった。でも、カナダと日本の時差を超え、年齢や立ち位置の違う五人が、時にはぶつかり合いながら（ズーム会議で！）議論を重ね、本書を執筆できたことはとても刺激的で幸せなことだった。現代書館の向山夏奈氏には、執筆会議に継続して参加していただいただけでなく、辛抱強くサポートしていただき、感謝の気持ちしかない。

坂本いづみ（さかもと・いづみ）………カナダ、トロント大学ソーシャルワーク学部准教授。社会福祉士。博士。上智大学社会福祉学科卒業、同大学大学院修士号取得（社会福祉学専攻）。フルブライト奨学金を得て、ミシガン大学大学院ソーシャルワーク修士課程（MSW）と心理学修士課程終了後、ソーシャルワークと心理学の二重専攻で博士号取得。在学中に多国籍の留学生家族の支援のコミュニティ・プロジェクトを立ち上げた。トロント大学では、ＡＯＰの研究のほか、移民の雇用差別や、日系カナダ人のアートを使ったアクティビズムなど、コミュニティに根ざした参加型の研究を行っている。

　AOPと出会い20年余、ようやく実践者に伝えられる本ができました。コロナ禍では、日々の実践のなかで「何かが違う」という違和感を言葉にしていく重要性がより高まっていると思います。小さなpから始まる現状を変える政治的活動が、日本のソーシャルワークの現場で広がっていくことを願ってやみません。「くさらず、あきらめず、媚びず」障害当事者運動のこの言葉を胸に刻みつつ、私自身も、教育、研究の場でAOPを伝え続けていきたいと思っています。

茨木尚子（いばらき・なおこ）………福岡県生まれ。明治学院大学社会学部教授。早稲田大学教育学部卒業後、東京都特別区福祉職として障害者施設での勤務を経て、明治学院大学大学院社会学専攻博士前期課程修了。日本における障害者自立生活センター創設期から、障害当事者の活動にかかわりながら、当事者主体の社会福祉支援とは何かを、組織運営も含めて研究課題としている。共著書『支援費風雲録』（現代書館）、『障害者総合サービス法の展望』（ミネルヴァ書店）等。

本書は、私が関わった共著のなかで、最も話し合ったし、自分の原稿も何度も書き直したし、刊行時期の遅れも含めて「難産」でした。でも、反抑圧的なチームづくりとは、お互いが違和感を表明でき、納得いくまで対話し続けるなかで形成されていくのだと思います。それは、この執筆過程でも痛感したことでした。この本がきっかけになって、福祉現場で「どうせ」「しかたない」を超える対話が始まることを祈っています。

竹端　寛（たけばた・ひろし）………京都市生まれ。兵庫県立大学環境人間学部准教授。大阪大学人間科学部卒、同大学院修了。博士（人間科学）。山梨学院大学教授を経て、現職。脱施設化と権利擁護研究を土台に、ダイアローグを基盤とした地域福祉・多職種連携などの研究や研修にも携わる。著書に『「当たり前」をひっくり返すーバザーリア・ニィリエ・フレイレが奏でた革命』『権利擁護が支援を変えるーセルフアドボカシーから虐待防止まで』（現代書館）、『枠組み外しの旅ー「個性化」が変える福祉社会』（青灯社）等。

　ソーシャルワークの理論紹介の本だというのに、随分と個人的なことを書きました。今でも、このことに意義があったのだろうかという疑問が頭をかすめます。しかし個人的なことはすべて政治的なこと。私の個人的なストーリーを介してAOPが、誰かのなかに小さなあかりを灯すことができれば嬉しいです。今後、現場で頑張るみなさんとの対話を通じて、様々なかたちで連帯していくことを夢見ています。

二木　泉（にき・いずみ）………大学卒業後、民間企業を経て、国際基督教大学博士前期課程修了（行政学修士）。介護福祉士として認知症専門デイサービス、訪問介護、専門学校講師などに従事。2014年に子どもと共にカナダに渡り、トロント大学大学院に留学（ソーシャルワーク修士）。現在はトロント郊外の高齢者入所施設にてアクティビティケアを実践しながら、トロント大学博士課程（社会学）に在籍。オンタリオ州認定ソーシャルワーカー。

個人的なことを書くことにそわそわしながらも、メンバーに恵まれとても充実した執筆時間でした。「悪い人」がいなくとも抑圧構造がつくられる怖さを、コロナ危機が続く今改めて感じています。この本も、色々ありながらも楽しい今の生活も、この方々なしにはあり得ませんでした：道子さん・夏希ちゃん・幸恵さん・萌子さん、そして自分らしい生き方を（時に苦笑いで）許してくれる親戚・友人たちに心から感謝です。

市川ヴィヴェカ（いちかわ・ヴィヴェカ）………東京生まれ。社会福祉士・保育士。NPO団体理事・市役所福祉保健部の非正福祉職員として生活困窮世帯・生活保護世帯の子どもと家族支援に従事。2017年よりカナダ・トロント大学大学院社会福祉学部に留学。「社会正義と多様性」専攻。ＬＧＢＴＱ＋難民支援、若年ホームレスの家族カウンセラーとしての経験を経て、2020年より同大学院社会福祉学部博士課程に在籍。浦和大学こども学部講師。

脱「いい子」のソーシャルワーク
——反抑圧的な実践と理論

2021年3月20日　第1版第1刷発行
2021年8月10日　第1版第2刷発行

著　者　坂本いづみ、茨木尚子、
　　　　竹端　寛、二木　泉、
　　　　市川ヴィヴェカ
発行者　菊　地　泰　博
組　版　プ　ロ・ア　ー　ト
印刷所　平　河　工　業　社（本文）
　　　　東　光　印　刷　所（カバー）
製本所　鶴　亀　製　本
装　幀　北　田　雄　一　郎

発行所　株式会社　現代書館　〒102-0072　東京都千代田区飯田橋3-2-5
　　　　　　　　　　　　　　電話 03(3221)1321　FAX03(3262)5906
　　　　　　　　　　　　　　振替 00120-3-83725　http://www.gendaishokan.co.jp/

校正協力・高梨　恵一